CW00566195

HET WELLT A WELIS
Blwyddyn gron yn Astwrias

Daw Cathi McGill o Gaerfyrddin. Bu'n gynhyrchydd newyddion teledu gydol ei gyrfa, yng Nghaerdydd ac yn Llundain. Mae nawr yn rhannu'i bywyd rhwng Cymru ac Astwrias yng ngogledd Sbaen, ac yn ysgrifennu am ei chynefin yn lle materion mawr y byd.

Cornel anhysbys o'r penrhyn Iberaidd sydd yn *Het Wellt a Welis* – ond y syndod i Cathi McGill oedd canfod Astwrias yn debycach i Gymru nag i Madrid. Dyma gynefin eirth a bleiddiaid a'r sgwid anferth – a rhywle sy'n glynu at ei draddodiadau wrth iddynt gael eu moderneiddio. Cymdogion croesawgar a lleoliad gwych i dyfu llysiau: dyma adroddiad Cymraes aeth i fyw yno.

Het Wellt a Welis

Blwyddyn gron yn Astwrias

Cathi McGill

Argraffiad cyntaf: 2021
ⓗ testun: Cathi McGill 2021

Rhif Llyfr Safonol Rhyngwladol:
978-1-84527-799-4

CYNGOR LLYFRAU CYMRU
Cyhoeddwyd gyda chymorth Cyngor Llyfrau Cymru

Llun clawr: Luned Rhys Parri
Cynllun y clawr: Eleri Owen
Map: Alison Davies

Cyhoeddwyd gan Wasg Carreg Gwalch,
12 Iard yr Orsaf, Llanrwst, Dyffryn Conwy, Cymru LL26 0EH.
Ffôn: 01492 642031
e-bost: llyfrau@carreg-gwalch.cymru
lle ar y we: www.carreg-gwalch.cymru

Argraffwyd a chyhoeddwyd yng Nghymru

Y gragen fylchog – arwydd Llwybr Santiago

Diolch i gymdogion Cuerres, diolch i gyfeillion y Peña:
diolch i J.Antonio Silva Sastre am hanes Ribadesella,
ac yn bennaf oll diolch i Gaeron. Hebddo fe, byddwn i heb y
profiad a chithau heb y llyfr.
Diolch i Beatriz González Carbajal am y lluniau
ar dudalennau 135 a 163.

Cynnwys

y pentref yn llawn stondinau caws, cannoedd yn cael picnic
yn y cae, dawnsio tan y wawr

Ribeseya/
Ribadesella

*Playa de
Guadamía*

Cuerres

A-8

*Llwybr
Santiago yr
arfordir*

A-8

Llanes

AS-115

AS-114

A S T W R I A S

Yr Alban

Iwerddon

Manaw

Cymru

Cernyw

Llydaw

Galisia **Astwrias**

Euskadi/
Gwlad y Basg

*Lagos de
Covadonga*

Bulnes

Mirador vde Ordiales

Vega de Ario

*P a r c   C e n e d l a e t h o l
P i c o s   d e   E u r o p a*

GOGLEDD

0   milltiroedd   2

0   kilometrau   4

Yn cynnwys manylion cyfraniadau
© OpenStreetMap contributors, 2020

Tŵr y pwll glo

Ychydig o eirfa yr iaith Astwreg

el pozu = pwll glo
el prau = cae
la pumarada = perllan afalau
les fabes = ffa mawr gwyn
el raposu = cadno
el gochu = mochyn
la folixa = parti, hwyl
el fame = eisiau bwyd
Qué finu yes! = Ond wyt ti'n ...glyfar, galluog, prydferth, ac ati

ac yn olaf yr un mwyaf nodweddiadol:

préstame muchu = rwyf i wrth fy modd

Cyflwyniad

Roedd dychwelyd i Astwrias ar ôl y cyfnod clo cyntaf yn 2020 fel diwedd ffilm am ryfel neu drychineb. Wrth inni nesáu ar hyd y draffordd, fi oedd y cymeriad oedd yn awchu am weld ei gartref ond yn ofni beth fyddai yn ei ddisgwyl.

Talaith a chymuned awtonomaidd o dan gyfansoddiad Sbaen yw Astwrias. Llecyn o dir mynyddig ar arfordir yr Iwerydd, hanner ffordd rhwng ffin Sbaen a Ffrainc yng Ngwlad y Basg, a Phenrhyn Fisterra yng ngorllewin Galisia, 'pen draw'r byd' i'r trigolion cynnar.

Yn eu ffurf bresennol mae'r rhanbarthau hyn, y cymunedau, yn dyddio o ddiwedd y 1970au, pan luniwyd cyfansoddiad democrataidd ar ôl marw Franco a diwedd ei unbennaeth. Yr hen diriogaethau traddodiadol yw eu sylfaen, ac o'r herwydd mae rhai'n llawer mwy nag eraill. Un dalaith sydd yn rhanbarth Astwrias, tra bod tair yng Ngwlad y Basg a phedair yng Nghatalwnia.

Hanes, a'r mudiadau annibyniaeth modern, sydd yn gyfrifol am y ffaith fod gan Wlad y Basg a Chatalwnia fwy o bwerau hefyd, yn enwedig ym meysydd y trysorlys a'r amgylchedd.

Mae gan Astwrias ei lle hanesyddol bwysig: dyma, yn ôl y traddodiad, lle dechreuodd y gwrthryfel yn erbyn y Mwriaid. Ond roedd hynny dros fil o flynyddoedd yn ôl, ac erbyn heddiw mae'n rhan o fytholeg 'cenedlaethol' Sbaen.

Mae rhanbartholdeb Sbaen i'w gweld yn glir yn enw'r iaith swyddogol: Castellano, iaith Castilla, nid Sbaeneg. Mae gan bedair iaith arall statws swyddogol o fewn eu tiriogaethau: Catalaneg, Basgeg, Galiseg ac Araneseg, sy'n perthyn i Occitan De Ffrainc. Parhau mae'r ymgyrch i sicrhau'r statws hwnnw i'r Astwreg.

Asturias yw enw'r rhanbarth yn Sbaeneg Castilla, ac Asturies yn yr iaith frodorol. Yn y llyfr hwn byddaf yn defnyddio'r ffurf Gymraeg, Astwrias.

Y llanw yn aber Afon Guadamía

Beth bynnag yw'r sillafu, rydym ni wedi treulio rhannau helaeth o'n bywyd yno dros yr ugain mlynedd diwethaf. Daethom ar wyliau yn 2001 i brofi uchelderau maith a chreigiog y Picos de Europa, a chael ein hudo ar unwaith. Mae e fel bod gartre yng Nghymru – ac eto'n wahanol iawn.

Dim ond miliwn o bobl sy'n byw yma i gyd, y boblogaeth yn heneiddio a'r diwydiannau'n diflannu: y glo eisoes wedi mynd yn gyfangwbl. Gwledig yw ein hardal ni yn y dwyrain, y diwydiant llaeth yma hefyd yn awr ar drai, a'r pysgota wedi pylu.

Tir y garreg galch yw e, ar arfordir Môr Cantabria; tir bryniau bach serth ac ogofâu, a'r mynyddoedd yn gefndir pell iddynt.

Mewn pentref mae'n tŷ ni, felly rydym ni wedi dod i adnabod pawb, a diolch byth heb golli'r un i'r coronafirws. Roedd y cymdogion bob amser wedi ein croesawu, ond sut fydden nhw'n teimlo wrth ein gweld ni'n cyrraedd o dramor, o'r tu allan?

Roeddwn i wedi cadw mewn cysylltiad drwy'r amser, wrth gwrs; y grŵp 'guasap' (fel yna mae sillafu Whatsapp yn ôl y drefn Sbaeneg) oedd yn cynnwys trigolion y pentref, a'r alltudion yn ninasoedd Astwrias, yn Madrid, ym Mrwsel, yn Ffrainc, yn yr Unol Daleithiau – ac yng Nghymru. Yma cawn weld lluniau du a gwyn cyndeidiau fy nghymdogion, a lluniau lliw y bae a'r cae unwaith y daeth yn bosib i bobl adael eu cartrefi. Bob dydd, byddai nifer ohonom yn teipio'n syml 'buenos días', bore da, i gadw'r peth yn fyw. Byddai hynny'n ddigon i ysgogi eraill i adrodd hanesion bach neu i fynegi gobeithion.

Buom yn cyfarfod drwy Zoom â chyfeillion eraill, pawb yn eistedd o flaen eu sgrin gyda glased bach o seidr neu win a rhyw fyrbryd: y peth nesaf posib at y 'vermut' cig a gwaed, sy'n golygu mynd i'r bar am ddiod a sgwrs cyn cinio.

A nawr dyma ni yma, ac yn clywed oddi ar wefusau'r cymdogion hynny sut y bu. Roedd y cwarantîn, neu'r caethiwed, yn Sbaen yn llymach o lawer nag a gawsom ni yng Nghymru. Doedd dim hawl gadael y tŷ o gwbl, dim ond i fynd at y meddyg neu i brynu bwyd angenrheidiol – a dim ond un person yn cael mynd i wneud hynny. Roedd plant yn gaeth i'r tŷ yn gyfangwbl.

Anodd dychmygu cymdogion yng nghefn gwlad yn gweld car yr heddlu yn pasio bob dydd, yr amser yn amrywio, gyda chorn siarad i atgoffa pawb na ddylent fod tu allan. A hynny yn nwyrain Astwrias lle na bu'r un achos o'r haint. Fe lwyddodd Astwrias i reoli'r coronafirws oherwydd dechrau cynnar ar ran y gwasanaeth iechyd a'r ffaith fod y cyhoedd wedi dilyn y rheolau. Am bron i dair wythnos yn niwedd Mehefin, ni fu achos o gwbl yn y dalaith. Ond dyna pryd newidiwyd y rheolau ar raddfa Sbaen gyfan, a chafodd Sbaenwyr yr hawl i groesi ffiniau taleithiol.

Daeth rhai o'r Astwriaid tua thref, a rhai o'r rheiny â'r firws yn eu cyrff yn barod. Ychydig iawn, ond pawb yn poeni, a'r rheolau ynglŷn â gwisgo mygydau'n cael eu llymhau.

Byw a bod mewn mwgwd ydym ni nawr. Hyd yn oed i gerdded y canllath o'r tŷ i'r lluarth, rhag ofn bydd rhyw gar dieithr yn stopio, gydag ymwelwyr angen cyfarwyddyd i rywle.

Miri yw prif ddiwydiant Astwrias yn ystod misoedd yr haf: gwyliau teuluol, ffiestas di-ri o ddawnsio a meddwi ar seidr, ciniawau mewn caeau ac ar draethau. Mae cysgod y firws wedi dileu pob un ohonyn nhw. Trueni mawr i ni, wrth gwrs, ond trychineb i weithwyr a threfnwyr y miri hwnnw. Blwyddyn segur i'r teuluoedd teithiol sy'n ymlwybro o ffiesta i ffiesta i gynnal y ffeiriau: gwerthu losins a churros a selsig, cynnal cystadlaethau saethu neu daflu, rhedeg y meri-go-rownd.

Blwyddyn anodd i berchennog a gweithlu pob gwesty a bwyty a bar.

A blwyddyn wag i hostelau'r pererinion ar Lwybr Santiago: pwy sydd am gysgu mewn dortur gyda phobl o bob rhan o'r byd? Ar ôl sawl prynhawn yn gweithio yn y rhan o'r ardd sydd yn union uwchben y llwybr, dim ond un neu ddau welais i.

Mae hyd yn oed mynd i far y pentref yn wahanol. Rhaid gwisgo mwgwd nes eich bod chi wedi eistedd i lawr wrth y ford. Dim sefyllian wrth y bar i gael clonc! Hanner y bordydd wedi mynd, a'r rhan fwyaf o'r cymdogion yn dewis eistedd ar fainc y tu allan i gadw'n bell oddi wrth y dieithriaid.

Gan ein bod ni mewn pentref bach, does dim rhaid gwisgo mwgwd drwy'r amser wrth gerdded o gwmpas, dim ond pan fydd nifer fawr o bobl wedi ymgynnull.

Ond pan fyddwn yn mynd i siopa, i bentrefi mwy, lle mae rhywbeth tebyg i fil o drigolion, mae'r mwgwd yn orfodol. Mae'n siŵr y down i arfer â gweld teuluoedd cyfan yn hanner-guddiedig, yr heddlu a'r gyrwyr lorïau, pob un ymhob siop oni bai lle mae sgriniau mawr wedi eu gosod ar ben y cownter.

Roedd hi eisoes yn arfer gan ein cylch ni o gyfeillion i wahodd ein gilydd i gael cinio yn yr ardd yn ystod yr haf: nawr dyna'r arfer i bawb. Mae arna'i ofn y bydd bwytai enwog Astwrias yn dioddef yn wael iawn yr haf yma, os nad am byth.

Achos mae ar bobl ofn. Rwyf i wedi siarad â dwy neu dair o

ferched fy ffrindiau, sy'n gweithio yn Madrid a heb weld eu rhieni tan nawr. Roedd pethau'n llawer gwaeth yn Madrid ac yn dal i fod felly. Hyd yn hyn cafodd Astwrias brofiad corona tebyg i un Ceredigion – ardal wledig, heb fod yn boblog, ac wedi dechrau'n gynnar iawn ar yr olrhain cysylltiadau a'r hunan-ynysu.

Rhyfedd iawn yw cyfarch cyfeillion heb roi fy mreichiau o amgylch eu hysgwyddau; arfer hollol newydd i bawb fan hyn yw peidio rhoi cusan ar bob boch wrth gyfarfod ac wrth ffarwelio. Ond rydym yn deall taw'r agosatrwydd llythrennol hwn sy'n lledu'r haint, ac yn gobeithio mai peth dros dro fydd y choque de codos, y bwrw penelin, sydd wedi cymryd lle'r gusan.

Ein perthynas ni â'r ardd oedd yr elfen arall a gollwyd yn ystod y cyfnod clo. Roedd y cwbl wedi mynd yn wyllt neu wedi marw yn ystod sychder anghyffredin mis Mehefin. Ond pan safodd y car wrth y gât, gwelsom flodau newydd yn y potiau ar ben y pyst. Fy nghymdoges dros y ffordd oedd wedi'u rhoi nhw yno i'n croesawu ni.

Felly, er bod llawer o'r bywyd y byddaf yn ei ddisgrifio yn y llyfr hwn yn absennol eleni, y gobaith gan bawb yw y bydd, rywsut, yn ailgodi. Mae'r ardd, a'r lluarth, yn un ffordd o wneud hynny.

Mae llawer llai o dyfiant eleni; tyfiant bwriadol, hynny yw: mae'r chwyn wedi gwneud yn dda. Bu hwn yn fis o lanhau, o chwynnu, o docio, o geisio cyrraedd eto y cytbwysedd rhwng gardd a gwyllt yr ydym yn anelu ato.

Saif y coed ffrwythau fel mynegiant o'r ansicrwydd am y dyfodol. Mae'r cnau Ffrengig wedi cymryd hoe eleni, a'r coed afalau gyda nhw, efallai ar ôl y sychder anarferol. Mae'r coed sitrig yn cael llwyddiant anarferol. Nid yw'n syndod cael torri lemwns rownd y flwyddyn, ond dyma ni ers mis, ganol haf, yn yfed sudd oren cartref bob dydd.

Cuerres, Awst 2020

Mawrth

Blwyddyn gron sydd gan y garddwr, yr hen olwyn yn cyflymu ac yn arafu fel y mynn y Ddaear, a ninnau'n gaeth iddi fel adar bach y gawell. Byddai'n bosib, ac yn ddilys, dechrau'r llyfr hwn yng nghanol hirlwm Ionawr neu ym mwrlwm cynhaeaf yr hydref. Rwyf i wedi dewis y gwanwyn, mis Mawrth, oherwydd dyna pryd gwelsom ni'r tŷ am y tro cyntaf.

Tŷ gwag oedd e, ei ffenestri'n ddall, wedi eu cuddio tu ôl i farrau haearn ffansi a chaeadau, toreth o chwyn ar hyd y pafin a'r mieri oedd yn gorchuddio'r bryncyn cyn daled â fi. Gallwn weld coeden lemwn ar y copa, yn brwydro i gadw ei changhennau uchaf yn rhydd. Yn nes at y tŷ roedd ffigysbren fawr yn ffynnu o'r graig. Doedd e ddim hyd yn oed yn hen dŷ fferm traddodiadol, dim ond bocs – caban deulawr – yr oedd y teulu wedi ei godi fel tŷ haf.

Ond roedd iddo ddigon o dir – 3000m², ei hanner yn borfa gyda choed afalau a chnau Ffrengig, a'r hanner arall yn fryncyn gwyllt. Ac roedd e yn y lle iawn: dim ond 2km o'r môr, Môr Cantabria, ar y llain gwastad cul rhwng y môr a'r mynydd.

Ac i'r clogwyni yr aethom, y diwrnod cyntaf hwnnw. Fi a fe yn lled-redeg drwy gae gwag ar ymyl y dibyn. O'n blaenau mae bae hirgul ac afon fach. Mae'r llanw ar ei hanner a'r traeth yn hollol wag. Gwelwn res o fryniau tua'r de. Tua'r gorllewin, ac i'r dwyrain, mae mynyddoedd uwch yn fframio'r olygfa. I'r gogledd mae gwastadedd arall, Môr yr Iwerydd, yn newid yn ddiddiwedd rhwng llwydlas ac arian yn heulwen tila'r gwanwyn.

Roedd hi fel bod gartref ac eto ddim. Rhywbeth fyddai'n fy nharo dro ar ôl tro wrth inni ymgynefino â'r ardal.

Dyna pryd gwympais i mewn cariad â'r lle.

Ar y ffordd yn ôl cefais i amser i sylwi bod ochrau'r lôn fach yn llawn blodau gwyllt, rhai melyn a glas gan amlaf. Roeddwn yn gwybod y byddai'n rhaid dysgu'u henwau, a dysgu amdanynt.

Dyma pryd wnaethom ni benderfynu prynu'r tŷ.

Llyn Enol uwchben Covadonga

Dychmygwch lun lloeren yn dangos yr afon a'i haber; tynnwch allan i ddangos holl arfordir gogledd Sbaen o ffin Ffrainc yn y dwyrain i Fisterra yn Galisia yn y gorllewin; ac yna allan eto i ddangos cyfanrwydd Bae Biscaia, a fydd o'r pellter yna yn edrych fel Bae Ceredigion, gyda Llydaw i'r gogledd-ddwyrain a Chernyw i'r gogledd, ac ymlaen heibio Cernyw i Gymru ac Iwerddon. Môr Celtaidd, a Basgaidd. Daeth y Ffenisiaid ffor' hyn, a miloedd ar eu hôl nhw dros y canrifoedd, yn hela morfilod ac yn gwerthu halen, yn cario glo a mwynau a ffrwythau o bob math. A ninnau, nawr.

Ddiwrnod yr ymweliad cyntaf hwnnw, roedd y perthi'n llawn coed ceirios gwyllt, a'r rheiny yn eu blodau. Pan lwyddais i gyrraedd pen y bryncyn drwy'r mieri, roedd y caeau i weld wedi eu rhannu gan berthi gwynion tal. Diwrnod addas i gael ein swyno gan yr ardal mae glowyr Astwrias yn ei alw'n baradwys.

Mae'r pentref yn lle tawel yn awr, ond nôl yn y Canol Oesoedd roedd y brif heol yn pasio drwyddo ar ei gwrs o ffin Ffrainc i Santiago de Compostela a Fisterra (pen draw'r byd) yn Galisia. Wedyn daeth yr heol fawr, sydd erbyn hyn yn heol fach wrth ochr y draffordd. Pum munud o'r draffordd ac eto, ddeng mlynedd yn ôl, heb ffôn yn y tŷ.

Dim ond 30 mlynedd yn ôl, pan oedd Sbaen o'r diwedd yn dianc o hirlwm a thlodi unbennaeth Franco ac yn dod yn rhan o Ewrop a'r byd unwaith eto, y cafodd ein cymdogion gyflenwad dŵr yn eu cartrefi. Roedd gan rai danciau i ddala'r glaw (a gwell imi gyfaddef fan hyn ei bod yn bwrw glaw yma bron gymaint ag yng Nghymru). Roedd pawb arall yn cario bwcedi i'r ffynnon, ac yn aml yn gorfod aros tra bod y gwartheg yn torri'u syched. Yn ystod yr haf, byddai gan bob un ei amser penodedig i fynd â'r da byw i'r ffynnon agosaf, ac roedden nhw'n dod dros 2km at yr un yng nghanol y pentref, oedd byth yn ffaelu.

Doedd dim trydan chwaith, ac mae pobl yn cofio pa mor wan oedd y cyflenwad pan gyrhaeddodd y cablau cyntaf: pan oedd y cymydog yn godro, rhaid oedd aros cyn dechrau'r peiriant golchi, a byddai hyd yn oed y golau'n simsanu.

Dim ond rhyw gant o gymdogion sydd ar ôl, gan fod llawer wedi allfudo i ddinasoedd Astwrias, neu i ddinasoedd mwyaf Sbaen, neu dramor. Diboblogi yw problem sylfaenol y Sbaen wledig, a dyna, efallai, oedd un o'r rhesymau dros y croeso a gawsom. Unwaith roedd pobl wedi gweld ein bod yn gweithio'r tir, ac yn dysgu'r iaith, roedd eu hagwedd yn ffafriol. Yma mae bod yn gymydog yn statws pwysig, dim ond ychydig yn llai na bod yn berthynas teuluol.

Mae bron pawb hefyd yn perthyn, wrth gwrs, dyna beth sy'n digwydd mewn pentrefi o'r fath. Yn aml byddaf i wedi cwrdd â rhywun newydd yn y dref, neu wrth fynd am dro, a dweud yr hanes wrth fy nghymdoges ar draws yr heol. Ac yn aml iawn bydd hi'n eu hawlio fel cefndryd.

Tyddynwyr oedd teuluoedd y pentref, yn cadw gwartheg,

geifr, ieir ac ambell i fochyn. Ceffylau hefyd, i wneud y gwaith trwm o dynnu. Escanda oedd y llafur, ac wedyn India corn. Dyw'r tir na'r hinsawdd ddim digon da i wenith. Ac roedd gan bawb – ac mae gan bawb – ei huerta, ei luarth, ei ardd lysiau.

Mae bron pob un yn dal i gadw ffowls, ond mae'r gwartheg sy'n pori yn y caeau yn anifeiliaid dros-dro. Mae'r cwotas llaeth wedi rhoi terfyn ar y ffermydd bach i gyd. Nawr mae pobl naill ai'n prynu lloi yn yr hydref a'u gwerthu yn y gwanwyn ar y farchnad gig, neu'n rhentu tac i ffermwyr o'r ardaloedd mynyddig dros y gaeaf. Mae'r rhain yn byw yn deuluoedd; tarw, dwy neu dair buwch, a lloi. Roedd hyn yn fy synnu pan welais i nhw am y tro cyntaf, ond fel yna maen nhw ar y mynydd hefyd, yn crwydro'r un llethrau agored pan fyddwn ni'n mynd i gerdded. Weithiau mae'r teirw yn edrych yn fygythiol, ond os bydd pawb yn cadw'n glir oddi wrth y lloi mae popeth yn iawn.

Ond roeddwn i'n sôn am yr helfa. Hela tŷ. Bryd hynny roedd y farchnad dai mewn trwmgwsg; prin iawn oedd y swyddfeydd gwerthu, a doedd neb yn codi arwydd 'Ar Werth' o flaen ei dŷ. A doedd bron neb yn rhoi manylion ar y we: dim ond y rhai oedd yn ceisio denu prynwyr cefnog tai haf o Madrid neu o dramor. Ond fe ddaethom o hyd i un neu ddau, a bant â ni a darn o bapur yn ein llaw, dros ben mynyddoedd ac ar hyd afonydd, yn dilyn troeon yr hen heolydd, sy'n dilyn troeon y tiroedd creigiog. Wythnos a mwy yn gyrru i bentrefi anghysbell i weld tai amhriodol. Adfeilion crand a chabanau pren. Tai oedd filltiroedd i ffwrdd o gyflenwad dŵr a thrydan. Un tŷ bythgofiadwy, fyddai wedi bod mor berffaith â'r llun yn y swyddfa – ond am y draffordd oedd yn rhedeg oddi tano a'r twr trydan tu hwnt i'r berth, rhwng y tŷ a'i olygfa eang o'r môr. Ac yna, tŷ ni.

Dyddiau olaf mis Mawrth, a gwanwyn Astwrias yn agor dail a blodau. Cyrraedd y pentref gyda llun y tŷ ar bapur, methu gweld dim unman oedd yn edrych yn debyg iddo. Gweld dyn yn cerdded ar yr heol a gofyn iddo. 'O ie, meddai, 'gyferbyn â Mam.' Fe ddisgrifiodd sut i gyrraedd y lle, a dweud wedyn 'bydda i'n cwrdd â chi wrth y tŷ glas.' A cherddodd e bant ar draws y rheilffordd ac i lawr lôn fach. Aeth ein ffordd ni dros bont y rheilffordd a rhwng caeau mawr agored, lan heol fach o dan gastanwydd hynafol, nes cyrraedd y tŷ glas.

Roedd e'n aros amdanom ni. 'Ffordd hyn,' meddai, '200m ar y dde.' Ac felly daethom i adnabod y tŷ ac o leiaf un o'r cymdogion yr un diwrnod.

Doedd dim modd cael mynd i fewn i'r tŷ. Doedd yr allwedd ddim gan y swyddfa oedd yn ei werthu, a ninnau ar fin gadael i fynd gartre, doedd gan y berchnoges ddim amser i ddod yno. Tŷ 4 ystafell wely!

Rhaid eu bod nhw'n fach iawn, meddwn.

Drws y ffrynt yn wynebu'r gogledd. Hen sied neu garej yn dechrau cwympo'n ddarnau gerllaw. Teils coch traddodiadol ar y to.

Roedd rhywun wedi caru'r lle, unwaith. Rhes hir o hydrangeas, hortensia yw'r enw yn Sbaen, ar hyd y wal i'r dwyrain, coed afal ar y 'lawnt' i'r gorllewin, lawnt oedd yn edrych fel yr un gartref ar ôl i wartheg fferm gyfagos garlamu drosti. Roedd y lle i gyd yn edrych yn drist.

Oherwydd y ffermydd bach, mae'n debyg, mae gan y pentrefi ffurf hynod. Bydd rhyw fath o ganol, stryd neu sgwâr gyda'r eglwys a'r ysgol a'r bar ac ychydig o dai, ond wedyn ambell grŵp bach arall o dai 500m neu fwy i ffwrdd, a chaeau yn y canol. Mae gan bob barrio neu gymdogaeth ei enw priod, ac erbyn hyn mae gan bob dŷ ei rif. Ond mae'r rhifau yn cyfeirio at y pentref, felly pan fydd tŷ newydd yn cael ei godi mae'n cael rhif newydd – dim byd i wneud â'r tai cyfagos.

Roeddem ni wedi gweld yr eglwys, adeilad bach eithaf dymunol o'r 18fed ganrif, ond roedd yr ysgol wedi cau ers dros 30 mlynedd, a'r bar hefyd ers llai na hynny. Doedd dim siop wedi bod ers blynyddoedd. Roedd dod i adnabod gweddill y cymdogion yn mynd i gymryd amser ac ymdrech. Daeth pethau'n haws ryw 4 blynedd wedyn pan ail-agorwyd y bar a dod yn fan cyfarfod unwaith eto. Ond yn y cyfamser, diolch i'r drefn, roedd gyda ni gymydog oedd nid yn unig yn adnabod pawb o fewn 30km, ond yn gwybod rhagoriaethau a ffaeleddau pob busnes bach ac yn barod i roi cyngor inni.

Mis y dechrau yw mis Mawrth. Cyfnod arwyddocaol efallai ar gyfer dechrau ffordd o fyw newydd. Mae dechreuad yn rhywbeth sy'n aros yn y meddwl. Hyd yn oed ar ôl blynyddoedd, mae cof y diwrnod hwnnw yn parhau'n las yn fy llygaid mewnol. Ond diolch byth fy mod wedi ysgrifennu ambell nodyn i gael gweddill yr hanes yn iawn.

O ddygwyl Dewi hyd at wythnos y Pasg, wrth i'r haul hawlio mwy o bob 24 awr, mae pob planhigyn yn ymateb. Gobaith yw neges y coed a'r caeau sy'n frith o las a gwyn a melyn ffres, lle na fu ond gwinau a llwyd y gaeaf. Efallai na fydd dail y tatws wedi mentro ymddangos eto, ond bydd y ffa llydan – ffa Mai yw'r enw lleol arnyn nhw – a'r garlleg yn tyfu'n gryf. Bydd y gegin yn llawn blychau hau, a'r eginblanhigion yn mwynhau dechrau bywyd ar y llawr sydd â phibau gwres odano. Nid bod hynny'n un o'r manteision yr oeddem wedi ystyried cyn ei roi yn y gegin newydd! Yn y dyddiau cyntaf, pan na fydd ond smotyn o lesni ar wyneb y pridd, sdim angen llawer o olau arnyn nhw, ond mae gwres cymedrol cyson y llawr yn eu siwtio nhw i'r dim. Ar ôl hynny daw cyfnod sy'n anoddach ei drefnu: gormod o blanhigion eisiau eu lle wrth y ffenestr fawr. Ac yna, cyfnod o fynd yn ôl ac ymlaen rhwng y teras yn ystod y dydd a'r gegin dros nos. A ninnau'n codi llond llaw o bridd bob bore, i'r bysedd gael penderfynu a ydy'n ddigon twym eto i'r pethau bach fynd allan i'r byd mawr.

Byddaf yn defnyddio dyddiau gŵyl y saint i nodi amseroedd garddio, oherwydd dyna arfer fy nghymdogion newydd. Fydd y rhan fwyaf byth yn mynd ar gyfyl yr eglwys os nad oes priodas neu angladd, ond byddan nhw'n sôn wastad am ffrwyth sy'n dod 'cyn dygwyl Ioan' neu am gynhaeaf 'o gwmpas dygwyl Mihangel'.

Os yw mis Mawrth yn derfyn ar y gaeaf ac yn agor y ffenestr i'r gwanwyn, mae hefyd yn gyfnod i sylweddoli, ac i gofnodi, beth sydd wedi llwyddo a faint fu'n fethiant.

Mae'n amrywio llawer o flwyddyn i flwyddyn, yn sgîl faint o oriau heulwen sydd wedi bod, faint o law, a pha dymheredd dydd a nos.

Yn aml bydd cynhaeaf ysblennydd, y cnau Ffrengig er enghraifft yn gorlifo o fasgedi a sachau, yn cael ei ddilyn gan flwyddyn dila iawn.

Torcalon yw eistedd wrth y ford yn agor cnau i wneud olew, a gorfod towlu bob yn ail gneuen am ei bod hi naill ai wedi sychu'n grimp neu wedi pydru. Hyd yn oed ar ôl sawl blwyddyn, mae'n dal yn anodd dweud o bwysau'r gneuen sut fydd ei thu mewn.

Rhaid cofio bod gen i ddewis: yn rhydd bob amser i fynd i brynu cnau yn y farchnad.

Nid fel hyn oedd hi i gymdogion hyna'r pentref, y rhai fu'n byw yn ystod y newyn a ddilynodd Ryfel Sbaen. Mae hyd yn oed pobl yn eu saithdegau yn cofio mynd yn blant i dorri canghennau llawryf ac i gasglu malwod i'w gwerthu yn y farchnad. Bryd hynny byddai'r bechgyn yn treulio'r haf ar y clogwyni yn bugeilio'r gwartheg: doedden nhw ddim yn trio bugeilio'r geifr, fyddai'n aros yno drwy'r tymor, ond roedd y gwartheg yn dod adre bob nos. Er gwaethaf pob gwybodaeth, i'r calon mae'n ymddangos bod y cyfan wedi methu, ond nid felly y mae. Achos beth sydd hefyd yn wir yw na fydd popeth yn fethiant yn yr un flwyddyn (Hyd yn hyn!). Pan gawsom ni'r cynhaeaf cnau gwael, daeth y tomatos yn well nag erioed – er gwaethaf diffyg heulwen drwy'r haf.

Y cnau Ffrengig, a'r olew sy'n llifo ohonynt wrth eu gwasgu. Doedd gen i ddim syniad bod hyn yn bosib, nes bod cyfeilles wedi dod yn ôl o Ffrainc gyda lluniau hen ŵr a gwraig yn gwasgu olew yn eu garej.

Erbyn diwedd mis Mawrth mae'r cnau wedi bod yn sychu

ers 6 mis ar lawr y stafell sbâr – mae gormod o hylif ynddyn nhw pan fyddan nhw'n ffres o'r goeden. Y dasg hiraf o lawer yw eu hagor nhw – 4 kilo wnes i i gyd y flwyddyn orau, a fyddai hi ddim wedi bod cymaint oni bai am y glaw parhaol oedd wedi fy nghadw yn y tŷ.

O hynny i gyd, dim ond 800g o gig cnau oedd gyda fi. Wedyn roedd rhaid eu malu: mae hen Kenwood gyda ni a rhois i nhw ýn yr hylifydd.

Dyma beth i gofio: dechrau'r peiriant cyn dodi'r cnau.

Cnau yn un llaw a chlawr yr hylifydd yn y llall yn barod i'w stopio nhw rhag neidio i'r awyr a hedfan ar draws y gegin, i lawr cefn cypyrddau ac i fewn i'r sinc. Y tro cyntaf, heb ddeall hyn, bûm am ddyddiau'n dod o hyd i wastraff cnau mewn mannau annisgwyl.

A dim ond rhyw 100g o gnau ar y tro achos maen nhw'n mynd ynghlwm yn y gyllell ar y gwaelod.

Yna roedd rhaid eu tostio.

Roedd y cyfeillion wedi gweld gwerinwyr Ffrainc yn gwneud hyn mewn padell enfawr dros dân coed, ond gan fy mod yn gwneud hyn yn y gegin ac nid yn y sgubor, rhois i nhw yn y ffwrn ar 200°C am 15 munud, hyd nes eu bod nhw'n dechrau cymryd lliw euraidd.

Mae angen eu troi nhw unwaith neu ddwy yn ystod yr amser coginio er mwyn iddyn nhw i gyd gael y driniaeth.

Doeddwn i ddim yn siŵr a ddylwn i eu gadael i oeri, ond wnes i ddim, dim ond mynd â nhw'n syth at y wasg.

Ar ôl chwilio trwyadl, roeddwn wedi prynu gwasg fach yng Nghymru. Reit ar y ffin, yn Llanymynech, mae 'na gwmni sy'n gwerthu offer ac ati i dyddynwyr, Ascott.

Doedden nhw ddim yn addo y byddai'n iawn at olew, achos at sudd ffrwythau y cafodd ei chynhyrchu, ond yn awr rwyf i wedi profi ei bod yn gweithio. Mae'n fach – roedd gwaith cael 400g o gnau i fewn.

Ac mae'r olew yn dod mas ar unwaith – hanner awr ar y mwyaf.

Wedyn gadewais yr olew yn y siwg am ddeuddydd i waddodi
– efallai'r tro cyntaf imi ddefnyddio'r gair yna ers dyddiau ysgol.

Ac yn olaf, ei hidlo drwy haenen ddwbl o fwslin.

Yn awr mae'n barod at yr haf a dyddiau salad. Olew salad
yw e, fyddwn i ddim yn ei ddefnyddio i ffrio. Os byddwch yn
gweithio salad Waldorf, er enghraifft, sy'n cynnwys cnau
Ffrengig, mae dodi ychydig o'r olew i fewn i'r mayonnaise yn
dwysáu'r blas.

Ym mis Mawrth hefyd y gwnaethom y fordaith gyntaf ar draws
Bae Vizcaya pan hwyliodd y Pont Aven, llong Lydewig, o
Aberplym ar ffin Cernyw, i ogledd Sbaen am y tro cyntaf, a
ninnau ar ei bwrdd hefyd yn deithwyr gleision ar y fordaith.
Dyma oedd traffyrdd morol ein cyndeidiau 'Celtaidd' cynharaf,
4000 o flynyddoedd yn ôl yn eu cychod bregus. Hyd yn oed ar
ddiwedd y 19eg ganrif, 'pum llanw' neu ddau ddiwrnod a hanner
oedd hi o borthladd Caerdydd i Astwrias. Dim ond 24 awr yw
hyd y daith heddiw, ond i'r sawl sydd wedi arfer cyrraedd mewn
llai na dwyawr ar awyren, mae'n hen ffordd newydd o deithio.
Mae rhywun yn cael amser i feddwl. Ac i ddarllen. Rwy'n dwlu
ar lyfrau, ond mae darllen drwy'r dydd yn blino, ac os yw'n
ddarllen da, yn hala rhywun i feddwl. Ni fydd y meddyliau'n rhai
pendant iawn, ond yn aml o fewn wythnos neu ddwy fe ddônt
yn ôl, y tro hwn gyda lliw a llun.

A chyn bod neb yn gofyn, do, fe ysgrifennais i lawer rhan
o'r llyfr hwn ar fwrdd y llong.

Neu wrth gwrs gallaf basio'r amser yn gwylio'r môr, o'r
bwrdd agored os bydd hindda, drwy'r ffenestr drwy gydol
storom.

Weithiau mae'r môr yn llwyd. Ar brynhawn o aeaf, gyda'r
cymylau uwchben yn ei efelychu, neu yn ei adlewyrchu, ac yn
arbennig ar ddiwrnod pan fydd y gwynt wedi ei ddiffodd gan
fympwy'r tywydd. Un lliw sydd ar y môr ar ddiwrnod felly, ond
nid yw'n ymddangos yn unlliw. Bydd patrwm aflonydd yn
ymestyn o'r llong i'r gorwel. Lliw plwm, lliw toi llechi yn y glaw,

lliw llongau rhyfel. Nid wyneb dŵr, ond gwyneb metal, mwyn caled.

Ar ddiwrnod fel hyn nid oes tonnau. Wrth bwyso ar y rheilen 50m uwchben y dŵr, rhyw lan-a-lawr bach iawn a welaf, a hynny dim ond mewn mannau. Fydd y fferi ddim yn hwylio ar ragolygon storom gref. Flynyddoedd yn ôl roedd pethau'n wahanol. Rwy'n cofio prydau bwyd pan oedd rhaid dewis yn ofalus dy foment i fynd at ford y buffet... hynny yw, pan oedd llawr yr ystafell fwyta ar ongl oedd yn gadael dy ford di islaw'r buffet, fel bod rhaid dringo rhiw i gyrraedd y bwyd. Ac aros gyda'r plât llawn nes bod y rhiw yn codi'r ffordd arall, cyn dychwelyd i eistedd.

Diwrnod arall. Roedd hi'n ddiwedd mis Rhagfyr arnom ni'n carlamu tua'r de, a'r haul yn isel yn y gorllewin. Cawsom noson a diwrnod hir eisoes, y gwynt yn gryf a'r tonnau'n uchel ac yn ddiddiwedd.

Bod tro y byddai'r Pont Aven yn croesi llwybr un o'r tonnau, lluchiai honno dunelli o ddŵr dros flaen y llong, lle'r oedd ein caban ni. Llithrai'r heli ewynnog i lawr y ffenestr, ac wrth ei hochr gwelem gysgod y smotiau dŵr megis blew llewpart ar y wal.

Ond yn fwy aml na hyn i gyd, bydd tywydd tawel, a'r llong yn cerdded tua'r de ag asgwrn yn ei cheg, os caf i gamddyfynnu hen gân. Dyma pryd bydd y lliwiau glas yn amlhau, ac yn gwawrio'n arian ar eu hochrau, ac ar ddiwedd y dydd yn goch ac oren. Unwaith, ac unwaith yn unig, gwelsom y stribed gwyrdd wrth i haul dilychwin digwmwl ddisgyn tu hwnt i'r gorwel; fel arfer mae'r cymylau'n rhwystro'r sioe eiliadol honno.

Ac ambell waith mae creaduriaid môr Bae Vizcaya yn dod i'r wyneb; y morfilod mawr yn nofio ar eu trywydd hwythau heb gymryd fawr o sylw o'r cawr wrth eu hochr, a'r dolffiniaid bach yn chwarae o'i chwmpas, yn neidio, bron yn hedfan, dros donnau ôl y llong ac yna'n diflannu.

Y llongau enfawr o Tsieina a Corea, gydag ychydig o griw a llu o flychau haearn maint bwthyn, naill ai'n cludo nwyddau i farchnadoedd gogledd Ewrop neu'n hwylio adre'n waglaw. Fydd y llong fferi byth yn dod yn agos atyn nhw, ond mae gweld y cewri hyn bob amser yn gwneud argraff.

Y môr fu'n sail i economi'r ardal hon erioed.

Morwyr oedd pobl Ribadesella, neu Ribeseya yn Astwreg, y dref nesaf at ein pentref ni. Dyrnaid ohonyn nhw i ddechrau, pysgotwyr oedd â'u cabanau'n glynu at ochr rhiw creigiog serth uwchben troad olaf afon Sella. Y penrhyn hwnnw sy'n cysgodi'r aber, yn wir wedi creu'r porthladd. Dyw hi ddim yn hawdd iawn dod i fewn i'r bae oherwydd y bar tywod, ond unwaith heibio hwnnw, mae'r llong yn ddiogel rhag y dymestl. Fil o flynyddoedd yn ôl, treflan oedd yma, cartrefi'r pysgotwyr yn glynu at y llethrau serth.

Wrth i fasnach dyfu yn y canol oesoedd, fe gafodd arglwydd lleol drwydded brenhinol i fewnforio ac i werthu halen – ac i dalu trethi i'r brenin am y fraint. Roedd yr alfolí yn sail cyfoeth mawr, oherwydd pwysigrwydd yr halen er mwyn cadw bwydydd a'r nifer fach iawn o drwyddedau a roddwyd.

Ac er bod y farchnad yn cael ei rheoli'n llym, roedd modd gwneud arian ar y farchnad ddu gan ffalso faint o halen oedd wedi dod i mewn; yr un taliad treth oedd i long fach ag i long fawr, ac mewn llong fawr byddai bob amser le i guddio rhywfaint o'r llwyth.

Ychwanegwyd at y nifer o gychod pysgota hefyd oherwydd y twf yn yr economi: bryd hynny roedd cannoedd os nad miloedd o forfilod yn nofio ar hyd yr arfordir wrth fudo i lefydd bwyta newydd. Gwae nhw pan ddarganfuwyd mor dda oedd eu braster ar gyfer gwneud olew lamp. Er ei fod yn dda, roedd yn drewi, ac efallai dyna pam yr oedd diwydiant trin cyrff y morfilod yr ochr arall i'r afon.

Yn y cyfnod cynnar hwn, pren oedd prif allforyn y dref, pren oedd yn dod i lawr yr afon mewn rafftiau i'w lwytho ar longau yn yr aber. Doedd dim cei yma tan y ddeunawfed ganrif. A phrif bwrpas y pren oedd gwneud erwydd i bethau fel bwcedi, neu i gasgenni, oedd bryd hynny'n dal llawer mwy na gwin neu seidr:

yr halen drud, yr olew drewllyd, menyn, cig hallt, mêl, dŵr hyd yn oed.

Ddaeth y twf mawr nesaf ddim am 300 mlynedd: Oes Gwybodaeth. Oes hefyd pan oedd coron Sbaen yn ceisio canoli fwyfwy ar y wlad, gan wneud ffyrdd o Madrid i bob cornel o'r penrhyn Iberaidd. Nid Ribadesella gafodd y wobr gyntaf: dyn o Gijón a sgrifennodd yr adroddiad, ac yno y gwariwyd yr arian mawr ar y porthladd a'r heol dros y mynyddoedd.

Ond roedd yn amlwg bod angen gwella ar gyfleusterau Ribadesella, a dechreuwyd ar y dasg enfawr o godi cei. Wal yn y bae a phridd a cherrig y tu ôl iddi, dro ar ôl tro am ryw 60 mlynedd. Ar ben y tir newydd codwyd strydoedd a thai a llond y lle o stordai.

Ebrill

Mis y blodau. Dyna'r enw traddodiadol ar fis Mai, ond yn ôl beth rwyf i wedi'i weld yn Astwrias, ac efallai yng Nghymru dros y 15 mlynedd diwethaf, mis Ebrill yw mis y blodau nawr.

Sôn yr wyf fan hyn am flodau gwyllt. Mae dros hanner yr ardd yn aros yn wyllt, am fod y bryncyn creigiog i'r gorllewin yn serth iawn mewn mannau. Byddaf yn gorfod mentro fel dringwr go iawn i geisio cadw'r mieri a'r danadl poethion a'r iorwg dan reolaeth, er mwyn i'r planhigion llai cryf gael eu lle. Wedyn mae'r 'chwyn' sy'n ymddangos yn flynyddol, neu'n fisol, yn yr ardd ffurfiol ac yn y lawnt. A'r holl dyfiant sydd wrth ochr y ffordd, ac yn y goedlan uwchben y cae.

Fel arfer nid yw rhestru pethau yn cael ei ystyried yn 'ysgrifennu da', ond mae'n gallu bod yn effeithiol. Dyma restr o'r blodau sydd i'w gweld ar ein tir ni yn ystod mis Ebrill.

Botwm crys, bonet nain, briallu, crafanc yr arth (werdd), dant y llew, fioledau, glesyn y coed, helianthemwm, hepatica nobilis, lithodora, llaeth y gaseg, llygad Ebrill, llygad y dydd, marddanhadlen goch, pengaled, pig yr aran, seren y gwanwyn, tegeirian coch cynnar, y wenynog. A diolch i Gymdeithas Edward Llwyd am yr enwau; cyn dod yma doeddwn i ddim yn ymddiddori mewn blodau gwyllt mewn unrhyw iaith.

O ran coed gwyllt, cynhenid, yr eirinen fach ddu (andrino) a'r geiriosen sur (guindal) sy'n blodeuo'n gynnar.

Mae'r rhan fwyaf llethol yn cael llonydd i fyw eu bywyd ar y graig, neu wrth ochr y cae, neu o dan y coed ffrwythau. Ond os byddan nhw'n dechrau bwlio planhigion a ddewiswyd, a chymryd eu lle nhw yng ngwelyau ffurfiol yr ardd, rhybudd! Ni fyddant yn cael aros yn hir.

Dyddiau olaf Ebrill yw amser y dringo mawr. Amser mynd â'r anifeiliaid i bori ar lethrau'r mynyddoedd sy'n rhedeg mewn cadwyni ar hyd arfordir gogleddol Sbaen. Yr hen arfer: hafod a

hendre. Bydd y dyddiad yn amrywio o flwyddyn i flwyddyn yn ôl y tywydd, a dim ond dydd y dechrau sy'n cael ei bennu. Rhydd i bob bugail a ffermwr sydd â hawl pori ddewis ei ddiwrnod wedyn.

Mae gan drigolion y pentrefi hawliau ar wahanol ardaloedd o dir agored; erbyn heddiw mae llai yn eu defnyddio oherwydd y lleihad yn nifer y ffermwyr ac anifeiliaid, ond bydd gwartheg yn ymddangos hyd yn oed ar y llethrau serth tu ôl i'n tŷ ni, sy'n llawn eithin a mieri.

Gwartheg, defaid, geifr – ac ar fynyddoedd y Sueve, ryw 15km i'r gorllewin, merlod. Dyma gartref yr asturcón, ceffyl bach byrdew yr olwg sy'n debyg iawn i'r rhai oedd yma filoedd o flynyddoedd yn ôl. Yn ôl yr hanes, pan aeth brigâd o wŷr meirch o Astwrias gyda byddin Rhufain i Fur Hadrian, rhain oedd eu ceffylau rhyfel nhw.

Pwy sy'n gwneud y penderfyniad ynglŷn â'r dyddiad? Mae'n dibynnu ar y galw am borfeydd a pherchnogaeth y tir. Yn y mynyddoedd uchaf, y Picos de Europa, mae'r tir yn dod o fewn Parc Cenedlaethol, gan gynnwys yr ardal dwristaidd iawn o amgylch y Llynnoedd. Yno, awdurdod y parc sy'n penderfynu, ond mae cynrychiolwyr y bugeiliaid yn cael llais.

Profiad arbennig yw rhannu taith gerdded gyda'r preiddiau. Flynyddoedd yn ôl, wrth gwrs, byddai pob anifail yn dringo'r mynydd ar ei bedwar troed, ond erbyn hyn maen nhw'n gwneud rhan gyntaf y daith mewn lori. Ond ar fynydd Covadonga yn ardal y Llynnoedd bydd llawer yn dal i gerdded y 12km i fyny o'r eglwys fawr binc (Covadonga yw hon hefyd) hyd at ben yr heol. Wrth y llynnoedd byddant yn gwahanu i gyrraedd at eu porfeydd traddodiadol.

Bydd y llethrau hyn, sydd rhwng 1000m a 1300m, o dan eira drwy'r gaeaf. Ym mis Ebrill ailymddengys y dolau bach o laswellt, a blodau'r gwanwyn. Porfa alpaidd sydd yma, tir pori da yng nghanol ardaloedd serth a chreigiog. Nid bod y da yn aros ar y ddôl: unwaith pan oeddem ni'n dychwelyd o daith gerdded i'r Vega de Ario bu i'n llwybr groesi gyrr o wartheg newydd-ddyfodedig, gyda'u lloi a anwyd yn y beudy i lawr yn y dyffryn.

Roedd y lloi wedi dechrau blino ar yr holl gerdded, ond eu mamau wedi dwlu ar fod unwaith eto yng ngwlad eu haf, yn cael blasu sbrigau tyner y perlysiau yn y mannau priodol. Mynnai ambell fuwch ddringo llethrau anodd i lecyn hoff oedd yn arbennig iddi hi, a dechrau pori yno gan anwybyddu crio'r llo.

Y borfa sy'n rhoi blas arbennig i gaws y mynydd. Ychydig yw'r bugeiliaid sy'n treulio haf cyfan yn hafota fel o'r blaen, ond mae rhai yn dal i wneud, ac yn gallu gofyn crocbris am eu cynnyrch nhw.

Yn ardal Gamonéu a bwlch Covadonga, uwchlaw'r llynnoedd, cwrddais i â gwraig oedd yn ei hwythdegau bryd hynny, yn byw mewn caban heb ddŵr na thrydan, ffynnon o flaen y drws a thân yn llosgi'n barhaol o dan simnai fawr. Ar y silffoedd o garreg, caws. Cosyn ar ôl cosyn yn aeddfedu yn y mwg.

Roedd hi'n barod iawn am sgwrs; mae'n siŵr bod cymryd

hoe fach gydag ymwelwyr yn gyferbyniad sydd ei angen yn ystod diwrnod hir o waith.

Mae caws Gamonéu yn gallu cael ei gynhyrchu o dri math o laeth, ond llaeth gwartheg a geifr yn unig roedd hon yn ei ddefnyddio.

Esboniodd fel y byddai'n godro unwaith y dydd yn ystod mis Mai a hanner Mehefin pan fydd y lloi yn dal i sugno, dwywaith yn ystod yr haf poeth, ac i lawr i unwaith eto ym mis Medi, pan fydd y fuwch yn disgwyl llo arall. Roedd hi'n hapus iawn yno, meddai, ac yn aros tan gyrraedd yr eira ddiwedd mis Hydref. Byddai ei gŵr yn gyrru lan at y llyn ac yn cerdded y gweddill bob penwythnos i'w gweld.

Ond fel arall, petai rhyw ddamwain wedi digwydd, byddai'n dibynnu ar y dyn oedd yn gweithio caws mewn caban tebyg o dan y glogwyn i'r gorllewin – neu ar ymwelwyr cawsgar.

Mae gan gaws Gamonéu ei statws gwarchodedig Ewropeaidd ei hun, yn union fel cig oen neu fara lawr Cymru. Dim ond 24 o wahanol vegas (dolydd y mynydd) neu majadas (grwpiau o gabanau) sydd â'r hawl i gynhyrchu caws Gamonéu del Puerto (y bwlch, neu'r mynydd), ac mae llawer ohonyn nhw'n wag erbyn hyn. Bydd y caws hwn yn cael ei wneud mewn cabanau, ei fygu'n ysgafn uwchben tân coed, a'i aeddfedu mewn ogofâu.

Mae Gamonéu del Valle (caws y dyffryn) yn cael ei weithio mewn adeiladau priodol ond hefyd yn cael ei aeddfedu mewn ogofâu. Os prynwch chi gosyn ym mis Medi bydd e'n dal yn wyn yr holl ffordd drwyddo, ond unwaith mae wedi ei dorri bydd y glas yn dechrau datblygu. Mae'n gaws cryf, ac yn aml yn cael ei fwyta ar ddiwedd pryd gyda mêl a chnau Ffrengig.

Ond dyw e ddim i gael ym mis Ebrill, oherwydd newydd gyrraedd y llethrau pêr y mae'r gwartheg, a'r lloi'n dal i sugno, felly does dim digon o laeth i wneud caws.

Nôl yn y lluarth, mae'n dymor merllys. Hen enw hyfryd ar asbaragws yw merllys, ac roedd yn un o'r planhigion roeddwn yn benderfynol o'u plannu yn y lluarth. Roedden ni wedi rhoi 'go' arni mewn man arall cyn prynu'r cae, ond heb fawr o lwyddiant. Mae'n gnwd sy'n parhau am flynyddoedd, unwaith eich bod wedi ei gael yn hapus, mewn lle heulog, digon o leithder ond heb lifogydd, a digon o fwyd ar ffurf gwrtaith.

Yn ystod y gaeaf mae'n diflannu, felly byddwn ni'n gadael ambell i goesyn i wywo fel postyn i ddangos lle mae pob rhes. Mae'r chwyn wrth gwrs yn hoff iawn o'r gwely bach cysurus hefyd: siŵr fy mod wedi chwynnu'r cwbl deirgwaith neu bedair ers y tymor merllys diwethaf. Ac yn awr ym mis Ebrill bydd y tyfiant newydd glas yn ymddangos. Digon tila yw'r cynhaeaf y flwyddyn gyntaf: mae rhai'n dweud na ddylech chi ddim ei dorri o gwbl. Ond erbyn y drydedd blwyddyn maen nhw gyfled â'm bawd, os nad mwy. Y gamp wedyn yw eu torri cyn iddyn nhw fynd yn rhy hir a dechrau magu blodau. Bob dydd, os oes rhaid.

Am y tro cyntaf yn fy mywyd, dydy gweithio cawl merllys ddim yn golygu gwastraff arian! Cawl merllys, omlet merllys, merllys wedi ei goginio mewn stêm am ychydig funudau, yn syth o'r cae. Mwyaf ffres, mwyaf ei flas, medden nhw, ac mae'n wir. Y merllys, fel yr India-corn melys, yn bendant yn troi'n drysor maethlon o'i fwyta o fewn yr awr.

Wrth ochr y merllys, pys, a ffa llydan. Ffa Mai yw'r enw Sbaeneg, ond yn Ebrill y byddan nhw yn eu hanterth fan hyn.

Bydd rhain wedi egino mewn papur newydd llaith yn y gegin yn ystod dyddiau olaf yr hydref, a'u plannu ym mis Tachwedd er mwyn gwledda ym mis Ebrill. Planiad bach arall ym mis Ionawr, a bydd y cnwd yn cadw i fynd tan ddiwedd mis Mehefin. Malwod yw'r broblem fwyaf; byddaf yn aml yn eu ffindo nhw'n eithaf uchel ar y planhigion yn gweithio'u ffordd drwy'r goden at y ffa. Pigo nhw bob dydd sydd rhaid, te! Ac ambell waith bydd y pryfed duon yn cyrraedd ac yn gwledda ar y tyfiant newydd. Mae sawl ffordd o drin rhain: golchi'r planhigion gyda sebon golchi llestri; gobeithio y daw digonedd o fuchod coch cwta; plannu capan cornicyll ar ben y rhes i ddenu'r pla. Dyna reswm arall dros blannu mor gynnar: does dim pryfed duon yn gynnar yn y flwyddyn.

Eith y pla hwn am y pys hefyd, ac ar ben hynny mae'r adar mawr yn dwlu arnyn nhw. Trist yw gweld codau wedi eu rhwygo o un pen i'r llall. Rydym ni wedi tyfu sawl math o bys, y rhai crwn a'r rhai chi'n bwyta'n gyfan, ond y gorau gen i yw pys dagrau (lagrimas) Gwlad y Basg. Mae'r rhain rywbeth tebyg i petits pois Ffrainc, yn grwn ond yn fach ac yn felys.

Ychydig iawn o ferwi sydd eisiau arnyn nhw, a maen nhw'n flasus yn amrwd hefyd.

Byddwn yn plannu'r pys cynnar cyn y Nadolig, ar ben y bryncyn lle'r oedd y lluarth cyfan cyn inni brynu'r cae. Mae'r tir yno'n aros yn sychach, am fod y dŵr yn draenio bant yn gynt, ac mae hefyd yn llai cleiog. Ac (rwy'n dweud hyn yn dawel iawn) byddwn yn dioddef llai o ddinistr gan yr adar. Canghennau coed cyll i'w cynnal, ac erbyn diwedd mis Chwefror dechrau chwynnu, a dyna nhw.

Mae lliwiau planhigion y gwanwyn mor fyw, eu dail glas a'u blodau gwyn yn disgleirio yn heulwen Ebrill, neu hyd yn oed o dan wybren gymylog. Mae'n codi'r calon eu gweld nhw, ac nid yn unig oherwydd yr addewid o fwyd blasus a iachus, ond am eu bod yn un o'r arwyddion bod y gaeaf drosodd. Roedd hyn yn bwysicach o lawer i'r cenedlaethau o'n blaenau, ond rhaid bod brith gof ohono'n dal yno rywle.

A chyn inni adael y ford, rhaid gwneud lle am blataid bach o flodfresych y Grawys, Cuaresma. Does dim arwyddocâd crefyddol i'r enw, ond ei bod yn aeddfedu yn ystod y Grawys, y chwe wythnos cyn y Pasg. Dyma amser ympryd yn ôl yr eglwys Gatholig, pryd disgwylid i bobl roi'r gorau i gig a physgod a bwyta llysiau syml. Gofyn mawr yn yr ardaloedd hynny lle nad oes fawr o lysiau ar gael ar yr adeg hyn o'r flwyddyn.

Ebrill hefyd yw'r mis y byddwn ni'n gweithredu cynlluniau newydd yn yr ardd. Nid penderfyniad oedd hyn, ond yn deillio'n naturiol o'r pentwr o gynlluniau ar bapur sy'n tyfu dros y gaeaf. Rhaid aros tan fis Ebrill i gael digon o ddiwrnodau sych a mwyn i fedru'u gwireddu nhw yn y pridd a'r garreg.

Mae'r tir i'r de o'r tŷ yn codi o'r ffin ddwyreiniol, heibio'r teras i'r bryncyn. Bu'n rhaid inni wneud llwybrau a grisiau i gerdded o un i'r llall, ac yn sicr i gario unrhyw beth lan i ben y graig. Ar hyd y ffordd mae darnau bach o dir gwastad, ac yn un o'r rhain rydym ni wedi codi dau dŷ plastig, yn bennaf er mwyn yr eginblanhigion ar eu taith o lawr y gegin i'r cae, ac wedyn y tomatos hynny sy'n debyg o lwydo ac felly ddim yn addas i fywyd y cae. Rhai fel y Florentinos, a nifer o rai gyda'r geiriau ychen neu eidion yn eu henwau. Pan fyddwn yn tyfu un newydd am y tro cyntaf, yn y tŷ bydd e, gydag un planhigyn yn cael ei ddanfon i'r maes fel sgowt.

O dan y plastig hefyd bydd pethau fel y brenhinllys yn ffynnu. Ffaith am y brenhinllys (basilium): er ein bod yn meddwl amdano fel planhigyn o diroedd Môr y Canoldir, dyw e ddim yn un fydd yn goroesi haf poeth heb ei ddwrhau. Chi'n gallu anghofio am lafant a rhosmari a byddan nhw'n iawn, dim ond wedi colli ychydig o ddail. Ond os bydd y brenhinllys yn sychu gormod, bydd yn dechrau cynhyrchu blodau ac yna hadau, er mwyn i'r genhedlaeth nesaf gael byw, ac yna'n gwywo. Mae coriander a sierfel yn ymddwyn yn yr un modd, felly os nad ydych chi'n gallu sicrhau eu bod nhw'n cael eu dwrhau yn rheolaidd, gwell eu cadw nhw mewn amgylchedd lleithach.

Mae pibau cul ryw 3-4cm o dan wyneb y pridd, sy'n colli dŵr drwy dyllau bychain ar eu hyd. Yn Sbaen maen nhw'n dweud bod y pibau hyn yn chwysu. Felly naill ai bydd y planhigion yn sugno'r dŵr, neu fe fydd yn codi i'r awyr, yn anweddu, ar dywydd twym ac yn llifo nôl i lawr ochrau'r tŷ i fewn i'r pridd eto.

Mae hefyd yn lle i blannu letys yn ystod yr hydref i ymestyn eu tymor nhw, ac i gadw ambell i blanhigyn fel yr hibiscus, sydd mewn crochan, dros y gaeaf. Ac mewn rhyw gornel bydd digon o le i doriadau o blanhigion fel y lafant, sydd ddim yn hoff o dywydd gwlyb. Bydd rhain, efallai dwsin mewn crochan fawr, yn datblygu gwreiddiau dros yr hydref a'r gaeaf, ond mae'n gallu bod yn broses hir.

Daeth y tŷ 'gwydr' cyntaf o ganolfan arddio leol: fframwaith o bibau a siâp plastig oedd yn glynu atyn nhw'n dynn. Roedd y plastig hyd yn oed wedi ei gryfhau gan rwydwaith o linynnau o blastig mwy trwchus, ond beth ddigwyddodd? Ar ôl blwyddyn a hanner, roedd y peth yn dyllog i gyd. A doedd y siop ddim yn cynnig unrhyw gymorth i gael iawndal, felly penderfynodd y gŵr adeiladu un ei hunan.

Y cam cyntaf oedd gwneud y llecyn yn fwy gwastad nag oedd e'n naturiol, drwy symud lot o bridd a chodi uchder y wal allanol sy'n ffinio â llwybr troed. Wedyn rhoi pibau mawr mewn concrit a chladdu rheina yn y corneli, cyn gweithio fframwaith o bibau llai, rhai o fetel ac eraill o blastig, i gynnal y welydd a'r to. Ar ben hynny, y lliain blastig ei hun. Plastig trwchus a werthir gan siop gydweithredol yr amaethwyr, felly fyddai fe ddim yn eistedd mor glòs ar y ffrâm. Yr ateb oedd ei dorri'n rhy fawr, claddu'r gwaelod yn ddwfn yn y pridd, a rholio'r ochrau o gwmpas y pibau. Gwnaeth y drws o bren tenau a phlastig.

Rydym yn gwybod y bydd yn rhaid ei adnewyddu o dro i dro, ond mae eisoes wedi parhau'n llawer hirach na'r un a brynwyd. Ac erbyn hyn mae un arall wrth ei ochr, mwy o hyd a gyda waliau isel o frics cyn cyrraedd y plastig.

Cadw'r tai yn lân ac yn olau sy'n bwysig. Mae danadl poethion a mieri yn llwyddo i fudo i gysgod y plastig, a iorwg yn dod i fewn o bobman. Wedyn mae'r coed llawrwydd gwyllt sydd wedi ennill eu lle ar hyd y llwybr; rhaid tocio rhain bob blwyddyn er mwyn gweld yr haul o gwbl, a difetha llawer o'u hegingoed!
Rydym yn ystyried y llawrwydd yn chwyn, er eu bod, fel y deri bytholwyrdd, yn rhan bwysig o gyn-hinsawdd Astwrias, pan oedd y penrhyn Iberaidd i gyd yn debycach i dywydd ardal Môr y Canoldir heddiw. Mae hynny'n golygu y byddaf yn eu tynnu mor fuan ag sy'n bosib ar ôl iddyn nhw wthio eu ffordd i'r wyneb, ac yn ceisio cadw'r coed aeddfed o dan reolaeth. Ha ha.

Rhaid bod yn effro hefyd i wreiddiau'r ffigysbren. Mae hon yn goeden anferth, wrth ochr y graig ryw 3m o'r tai gwydr, rhyngddyn nhw â'r tŷ. Mae'n cael ei thocio, ond mae ei gwreiddiau'n gallu gwynto dŵr o bell, ac yn anelu'n syth am y pibau tanddaearol.

Yr ochr arall i'r tŷ, ochr y fynedfa fel petai, gan fod pawb fan hyn yn dod i ddrws y gegin a gweiddi yn hytrach na chanu cloch drws y ffrynt, mae gwely blodau. Dyma oedd dechrau'r tyle sy'n codi at y bryncyn, ond rydym ni wedi atgyfnerthu'r graig fyw gyda cherrig mawr eraill, a sment lle roedd angen, rownd dwy ochr (roedd y llall eisoes yn rhyw fath o glogwyn isel). Wedyn ei lenwi gyda phridd o'r cae yn gymysg â chompost o'r domen, wedi ei hidlo i gael gwared o gerrig mân a darnau mawr o blanhigyn.

Fan hyn plannais i geraniums o sawl lliw, y rhan fwyaf wedi tyfu o doriadau. Un yn arbennig, sy'n goch llachar, ddaeth o ardd adfail a welais ar lwybr yr arfordir.

Prif ysgogiad creu'r gwely hwn oedd bod llwyth o bobl yn dod un flwyddyn i ddathlu fy mhenblwydd ym mis Mehefin. Perffaith, bydd popeth yno a rhai wedi dechrau blodeuo. Ond och, roedd hi'n un o'r blynyddoedd hynny pan na chododd y cymylau o'r Pasg tan ddechrau Gorffennaf. Ar ddydd y parti, rhuthro heibio i chwilio am loches wnaeth pawb (diolch byth) heb edrych ar y planhigion tila yn eu gwely crand.

Ond fe ddaeth un cwpwl â fuchsia bach imi, ac mae'n dal yno sawl blwyddyn wedyn. Y 'chwyn' mwyaf ymwthiol fan hyn, yn wahanol i ardal y tai gwydr, yw sifis, mefus bach gwylltion. Roedden nhw gyda ni ar ben y bryncyn flynyddoedd yn ôl, ond roeddem yn credu eu bod nhw i gyd wedi marw. Rhaid bod rhai hadau wedi goroesi yn y compost ac yn awr yn maen nhw'n dwlu ar eu cartref newydd. Sifis a gwair, achos mae gwair ymhobman.

Ac er ei ddechrau gwlyb ac oer, mae'r gwely newydd yn awr yn croesawu'r sawl sy'n cerdded rownd i gefn y tŷ, yn union fel yr oeddwn i wedi dychmygu.

Reis y Gwanwyn

Cynhwysion:
300g reis risotto fel carnaroli
1 dant garlleg
5-6 sialots, neu wynwnsen fach
250g ffa llydan
150g pys
200g merllys/asbaragws
1l stoc twym, cyw neu lysiau
olew olewydd
60g menyn
glased o win gwyn neu vermouth
caws caled fel Parmigiano wedi'i falu

Bydd angen torri unrhyw ddarnau caled o waelodion y merllys, a'u torri'n ddarnau 3cm, a thynnu plisgyn y ffa llydan. Ie, plisgyn pob ffeuen. Mae rhai pobl yn gwneud y pys hefyd!
Torri'r sialots a'r garlleg yn fân a'u ffrio'n araf yn yr olew a hanner y menyn. Ychwanegu'r reis, a'i droi a'i droi nes bod yn ddisglair gan yr olew. Dechau rhoi'r stoc i fewn, llwyaid go fawr ar y tro, a throi eto nes bydd yn diflannu. Ar ôl ryw 15 munud bydd y reis wedi yfed y stoc i gyd ac wedi chwyddo. Nawr ychwanegwch y llysiau, a choginio popeth am ryw 4-5 munud.
Ychwanegwch y gwin a gweddill y menyn, un troad bach arall ac i'r ford gyda digon o gaws i fynd ar ei ben.

Dyma amseru llysiau newydd eu casglu o'r ardd. Efallai bydd angen mwy ar rai siop.

I rywun fel fi sydd ddim yn or-hoff o'r oerfel, mis Ebrill yw dechrau tymor cerdded y mynyddoedd. Does dim dal pryd y bydd yn gorffen: rai blynyddoedd mae'r grŵp cerdded lleol wedi cyrraedd copaon ym mis Rhagfyr, ond wedyn llwybrau'r arfordir yw hi tan y Pasg.

Un o'm ffefrynnau, efallai fy ffefryn pennaf, yw'r daith gerdded o Poncebos i Bulnes. Taith fer i un o bentrefi Parc Cenedlaethol y Picos de Europa, pentref oedd tan ddechrau'r ganrif hon wedi ei guddio gan y mynyddoedd. Does dim heol yn mynd i Bulnes, felly ar eu deudroed roedd y pentrefwyr yn cyrraedd y dref pan fyddai marchnad. Yn 2001 agorwyd rheilffordd halio mewn twnnel o fewn y mynydd: yn rhad ac am ddim i drigolion y pentref, ond yn ddigon drud i ymwelwyr.

Dewch gyda fi ar daith gerdded i orffennol Astwrias, ond mae'n haws dechrau'r diwrnod mewn car.

Mae llwybr fer Bulnes yn rhannu man cychwyn gyda llwybr hir, enwog, yr afon, Ceunant y Cares. O'r herwydd, mae parcio yn gallu bod yn broblem yn ystod tymor yr haf, a byddwn yn cynghori cyrraedd yn gynnar – os yn bosib cyn 9 o'r gloch. Os bydd y parcio yn Poncebos ei hun yn llawn, bydd wardeniaid yn dangos y meysydd parcio ar ochr y ffordd: mae'r rhain yn fwy, ac yn haws (heol Poncebos yn gul) ond mae'n golygu y bydd rhaid cerdded cilometr neu ddau ar hyd y ffordd.

Mae Poncebos yn groesfan hen lwybrau yn ogystal â chymer afonydd. Yma mae Afon Duje yn ymuno â'r Cares, un o afonydd eog enwog y gogledd. Ac mae'r nant y byddwch yn ei dilyn yr holl ffordd i Bulnes hefyd yn ymdoddi yn nŵr y Cares yma.

Pan ddewch chi at y bont lle mae'r heol i Sotres yn croesi'r afon, cadwch yn syth ymlaen. Ond peidiwch â dilyn y cannoedd sy'n mynd yn syth yn eu blaen eto, yr holl ffordd at lwybr y Cares. Ar ôl pasio drwy dwnnel byr, fe welwch chi un o arwyddion gwyrdd y parc sy'n dangos y llwybr i Bulnes, awr a chwarter i ffwrdd ar y GR-202. Y peth cyntaf sydd rhaid gwneud yw mynd lawr grisiau cerrig serth a llithrig, cyn croesi'r afon a dringo rownd i'r cwm nesaf, Cwm yr Arroyu del Texu, Nant yr Ywen.

Crwynllys trwmped

O hyn ymlaen un llwybr sydd, yn dilyn hynt y nant, weithiau wrth ei glannau, weithiau'n uchel uwchlaw. Mae'r llwybr yn gul mewn mannau, a does dim mesurau diogelwch, ond dyw hi ddim yn anodd. Peidiwch â hastu chwaith, achos ar i fyny mae'r llwybr oni bai am un neu ddwy ran fach, ac mae'n well cymryd amser i werthfawrogi'r tirwedd na blino.

Ac os byddwch yn blino, dim ond meddwl am y bobl fu'n gorfod cerdded lan a lawr achos doedd dim dewis arall gyda nhw! Byddaf yn hoffi meddwl amdanynt yn gwneud y llwybr, a'i wella, dros y canrifoedd.

Ar hyd y ffordd, yn dibynnu ar y tymor, bydd planhigion gwyllt sy'n werth eu gweld. Mae ochr y mynydd uwchben y llwybr yn llaith, felly ym mis Ebrill bydd digonedd o friallu Mair a nifer o fathau o degeirian a chrwynllys. Fy ffefryn personol yw crwynllys y trwmped, sy'n fwy nag un arferol y gwanwyn ond yr un lliw glas, mor gryf â chyllell.

Mae coed yn tyfu ar lan yr afonig, coed cyll a drain, ac ambell i ffawydden yn y mannau mwy agored.

Mae'r nant yn troelli ar ei thaith tua'r gogledd, a'r cwm a'r llwybr hefyd. O bryd i'w gilydd bydd cyfle i edrych yn ôl, a byddwch yn teimlo'r anialwch. Ar bob ochr, muriau uchel o garreg galch yn plethu i guddio troadau'r nant, yna'r stribyn glas hwnnw tua'r gwaelod lle mae'r planhigion, ac islaw popeth, pefr a chân y nant. Ac efallai ambell afr, ar ganol clogwyn sy'n ymddangos yn fertigol.

Unwaith, wrth ddringo rhan gulaf y llwybr, ryw 30m uwchben y dŵr, daeth bugail i gwrdd â ni gyda'i braidd o ddefaid. Ar y chwith, wal clogwyn; ar y dde, y dibyn. Doedd dim byd amdani ond pwyso'n dynn yn erbyn y graig a gadael lle iddyn nhw.

Bydd pysgotwyr yn ogystal â cherddwyr yn heidio i gefn gwlad Astwrias ym mis Ebrill; mae tymor yr eog yn dechrau. Hyd at ddiwedd y 19eg ganrif roedd pysgotwyr yr aberoedd yn dal eogiaid mewn rhwydi: mae sôn bod un yn Ribadesella, yn aber afon Sella, wedi dal 100 mewn diwrnod. Erbyn hyn, pysgota â gwialen yn unig a ganiateir, a hynny mewn mannau ymhell o'r môr. Pysgota'r eog oedd un o brif atyniadau Astwrias i bobl crand; roedd yr unben Franco yn hoff iawn o ddod yma ar ei wyliau.

Pan fyddwch yn cyrraedd pentref Bulnes ar ôl rhyw awr a hanner o gerdded, mae bar cyfleus reit wrth y bont i fwynhau diod a phryd a gwylio'r afon. Cyn hynny byddwch wedi pasio gorsaf ucha'r trên, a dechrau gweld mwy o ymwelwyr.

Ac os ewch chi ddim ond dipyn bach yn uwch na'r pentref, mae golygfa odidog o Pico Urriellu ei hunan, y mynydd talsgwâr sy'n sumbol o'r Picos de Europa.

Dim ond brithyll fu erioed yn afon fach y pentref, a dim llawer o'r rheiny'r dyddiau hyn. A'n dewis ni beth bynnag yw canolbwyntio ar y tir.

Mis Ebrill oedd hi, ryw 5 mlynedd yn ôl, pan gawsom y cyfle i brynu'r cae gyferbyn â'r tŷ: edrych mas un diwrnod a gweld bachan yn codi arwydd 'se vende', ar werth, ac yna'n mynd i siarad gyda'r gymdoges. Es i draw yn syth wedyn, a chael gwybod bod y perchennog, oedd yn byw yn Venezuela, ac yn berchen ar ddegau o gaeau, wedi penderfynu gwerthu eu hanner nhw. Roedd angen mwy o le arnom ni i'r lluarth, a hefyd roeddem ni'n gwybod bod hawl adeiladu ar y tir, a lle i hanner dwsin o dai, fyddai siŵr o fod yn dai haf.

Daethom ni i gytundeb ar bris, a'i brynu ar frys. Ond roedd 4 parsel o fewn yr un cae, dau ym meddiant hen wraig oedd ddim am werthu, a'r llall yn achos dadl ymysg etifeddion. Ymhen hir a hwyr, pan welodd yr hen wraig, ar un o'i hymweliadau â'r pentref, ein bod yn tyfu llysiau, fe gytunodd i werthu'i thir hi, a nawr all neb gwyno nad oes lle i bopeth. Yn lle hynny, cwyno nad oes amser i drin yr holl le! Rydym wedi plannu perllan ar draean ohono, sy'n llai o waith na llysiau ac yn amgylchfyd gwahanol i'r creaduriaid bach.

Ac rydym yn dal i edrych drwy ffenest y gegin a gweld cae, a choed, ac nid tai newydd.

Mai

Un o ganlyniadau'r diboblogi yn ystod yr hanner canrif diwethaf yw bod cefn gwlad Astwrias yn gallu edrych yn debyg i gartref henoed. Yn ôl ystadegau diweddar, mewn rhai o'r ardaloedd mynyddig mae 40% o'r boblogaeth dros eu 65. Mae'r rhan fwyaf yn dal i ffermio ac i ofalu am y tir – ond am ba hyd?

Yn ein pentref ni rhyw gant o bobl sy'n byw yma'n barhaol, ond dim ond hanner dwsin sydd o dan eu 25. Fyddai rhywun ddim yn dweud hynny petai e ddim ond yn dod ar ymweliad adeg Gŵyl San Anton; pan fydd yr orymdaith yn dechrau o dŷ'r faeres bydd digonedd o blant bach wedi eu gwisgo'n draddodiadol. Ond yr wyrion a'r gor-wyrion yw'r rhain, wedi dod yma'n benodol o Uviéu (Oviedo) neu Xixón (Gijón) neu Madrid.

Mae cryfder y teulu yng nghymdeithas Sbaen yn golygu bod pobl sydd wedi symud bant, a phlant y bobl hynny, yn gwneud ymdrech i gadw cysylltiad â'u milltir sgwâr: llawer hyd yn oed yn dal i gofrestru yma er mwyn pleidleisio.

Ond dydyn nhw ddim yma drwy'r flwyddyn i gadw'r lle i fynd. Mae'r bobl sy'n trefnu'r ffiestas wedi bod yn gwneud hynny ers blynyddoedd, a heb newid llawer.

Ym mis Mai byddwn ni'n cael cyfle i weld y ffiesta leol ar ei newydd wedd, ar Ŵyl Morwyn Fátima, sy'n cael ei dathlu gan bentref 3km i ffwrdd. Mae cerflun y santes, a'r gorymdeithwyr yn eu gwisgoedd traddodiadol, yn gorfod dod yr holl ffordd i'n pentref ni oherwydd fan hyn mae'r fam eglwys: dim ond capel sydd gyda nhw.

Mae'r orymdaith a'r canu ganol dydd, yr offeren a'r dawnsio gwerin, yn debyg iawn i'r hen ffordd Astwraidd o fyw, ond gyda'r nos, y verbena, y dawnsio a'r miwsig a'r miri, yn hollol wahanol.

Yn y pentref hwnnw, mae digwydd bod cnewyllyn o bobl ifainc sydd yn ymddiddori yn yr hen arferion, ac wedi cael eu hethol i'r Pwyllgor Ffeiriau. Penderfynodd y pwyllgor symud y

Crwynllys y gwanwyn

dawnsio hwyr o babell yng nghanol y pentref i hen gae ymarfer pêl-droed ar yr heol fawr, llogi pabell ddigon o faint i roi lloches i'r cwbl gan adael lle i lorïau'r ddau fand, un ymhob pen. Ochrau llen sydd i'r lorïau; dim ond rhaid eu hagor, a dyna'r ddau lwyfan. A digon o le i barcio: mae'r dyddiau pan oedd ein cymdogion yn cerdded yn bell i fynychu ffiesta wedi mynd am byth. Dyma oedd gweddnewid yr holl beth: yn lle trigain o bobl a boi gyda pheiriant disco, daeth cannoedd i yfed seidr, dawnsio a chymdeithasu tan yr oriau mân.

Roedd hyn i gyd yn llawer ddrutach na'r hen arfer, ac mae'r pwyllgor yn gorfod mynd ati fel lladd nadroedd drwy'r flwyddyn yn codi arian. Dro ar ôl tro gwelwn luniau ar y rhwydweithiau cymdeithasol yn eu dangos yn ennill cystadleuaeth gwisg ffansi mewn carnifal – bu'n rhaid teithio i nifer o drefi o gwmpas Astwrias – neu yn addurno ffynnon y pentref i gystadleuaeth arall.

Maen nhw hefyd yn cadw at yr hen drefn o fynd o dŷ i dŷ yn casglu arian, ac ar y diwrnod ei hunan bydd pob torth o fara sy'n cael ei chario yn yr orymdaith (a'i bendithio gan yr offeiriad) yn cael ei gwerthu.

Drannoeth y ffair, beth well na mynd am dro bach i lawr ar lan yr afon i'r traeth? Afon fach iawn yw hi, 9km o'i ffynhonnell yn y mynyddoedd y tu ôl i'r tŷ i'r traeth sy'n dwyn ei henw. Ffynhonnell: hynny yw, ble mae'r dŵr yn dechrau llifo ar yr wyneb. Achos mae'r dechrau go iawn yn uwch o lawer ac i'r De, ym mynyddoedd uchel y Picos de Europa. Adeg hyn o'r flwyddyn mae'r meirioli yn ei anterth, a digonedd o ddŵr yn dianc o rew ac eira'r ucheldiroedd. Fel arfer mae'n llifo o dan y ddaear, yn disgyn mewn rhaeadrau cudd drwy garreg galch yr ardal. Ond ar ryw bwynt bydd yn dod yn weladwy, ac yn rhoi cyfle inni ei gwerthfawrogi. Yn achos y Guadamía, ar y mynyddoedd tu cefn i'r tŷ mae hyn yn digwydd.

Byddwn yn ymuno â'r llwybr gyferbyn ag un o'r melinau fu tan hanner canrif yn ôl yn malu india-corn y trigolion at wneud bara. Mae hon yn dal mewn cyflwr da fel tŷ, ond yr olwyn a'r offer wedi mynd.

Mae'r llwybr yn disgyn rhwng coediach nes cyrraedd pont fach, dim ond digon i fynd â cheffyl a throl drosti. Pont wedi ei gwneud gan y trigolion o gerrig yr ardal, gyda haen o bridd a gwair yn glynu ati. Mae'r afon yn troelli, a'r rhan fwyaf o'r caeau bychan ar ei glannau wedi eu hesgeuluso am ei bod mor anodd eu cyrraedd nhw – ac ambell un dan ddŵr bob tro bydd glaw mawr.

Yma cawn ni gyfle efallai i weld carw gwyllt; mae digon o lefydd gwag ar ôl iddyn nhw: pwy sy'n cael y sioc fwyaf o weld y llall fydda'i ddim yn siŵr, mae'r anifeiliaid bob amser yn codi o'r gwair tal ac yn ffoi bron cyn imi gael amser i'w gweld yn glir. Ceirw, gwair tal: oes, mae drogod yma, a gwell mynd i gerdded ardaloedd fel hyn gyda thrwser hir a llewys at yr arddwrn.

Yn fuan down ni i felin arall, yn adfeilion. Mae gan hon bont anghyffredin o firain. Nid pont i gerbyd, ond i'r melinydd ei hun gerdded drosti; mae'n groesfan gul ac uchel uwchben rhaeadr fach. Mae pob peth ar yr afon ar raddfa fechan, ond mae ganddi holl nodweddion afonydd mwy. Rhan serth iawn yn disgyn o'r mynydd, rhannau gwastad rhwng dolydd, a throadau mwy hamddenol wrth nesáu at y môr. Ym mis Mai mae dŵr y toddi eira yn cyrraedd. Hyd yn oed ar ôl wythnos o sychder, mae digon o ddŵr i gadw'r llif i fynd. Mae'r glannau hefyd yn newid: wrth inni ymuno â hi wrth y pentref, digon cleiog ydynt; wedyn daw man lle mae'n llifo dros garreg noeth. A phan fyddwn ni o fewn cyrraedd i'r traeth, tywodlyd yw'r llwybr dan ein traed, hyd yn oed yn uwch na phwynt ucha'r llanw, a llifogydd y gaeaf wedi dechrau torri tro mwy o faint, a'r llwybr bron wedi suddo i'r dŵr.

Yma byddwn yn gweld glas y dorlan, sy'n gallu dewis o sawl math o bysgod fydd yn byw yn y rhan hon, hanner croyw, hanner heli, neu yn ymweld â hi.

Cyn gweld y traeth mae un gwastadedd arall, dôl fydd yn cael ei boddi gan stormydd yn ystod y gaeaf, ac yna'r creigiau'n codi'n uchel eto o'n blaenau ni. Pan fydd y llanw ar drai mae'n bosib cerdded i lawr cwrs yr afon at y traeth, neu ddringo dros y creigiau. Ond os am gerdded yn droedsych, rhaid cymryd y llwybr i'r dde, sy'n rhan o lwybr arfordir Astwrias, paso ymylon pentref Llames de Pría, a throi eto i'r chwith i lawr i'r traeth hirgul.

Ac os, yn lle camu i lawr y llwybr serth i'r traeth, awn yn syth ymlaen ar hyd y clogwyni, mae gobaith inni weld – a chlywed – rhyfeddod naturiol ysblennydd. Fel dywedais i, carreg galch yw'r tir yma. Ac yn ystod miloedd o flynyddoedd mae nerth y môr wedi llwyddo i erydu'r graig, torri tyllau cul ynddi, twneli tenau neu fordyllau, sy'n dechrau dan y môr yn ochr y glogwyn, yn lledaenu i ogof, ac yn culhau wedyn nes agor ar wyneb y tir. Tra roedd hynny i gyd yn digwydd, roedd dŵr y glaw yn gwneud rhywbeth tebyg wrth lanio ar y tir a chreu pantau, a phan fydd mordwll yn cyrraedd pant – wel, gewch chi weld. Pan fydd cyfuniad o fôr cryf, llanw uchel a gwynt yn chwythu o'r cyfeiriad iawn, bydd dŵr y môr yn cael ei wthio i'r mordyllau gyda chymaint o rym y bydd yn chwistrellu allan fel twr o ddŵr, fel y ffynnon uchaf erioed. Mae'r sŵn fel dreigiau'n rhuo, ac maen nhw'n gallu cyrraedd 30m o uchder.

Dro arall, pan fydd llai o lanw, neu'r gwynt yn chwythu o'r de, o'r tir, fydd dim ffynhonnau, dim ond y rhuo, ac ambell chwa o wynt yn cario diferion o ddŵr yr heli a grawn tywod. Sba naturiol i lanhau croen sych!

Rhain yw'r Bufones de Pría, neu o leiaf dyma'r enw fydd yn yr hysbysrwydd twristaidd. Pría yw enw'r plwyf, a'r bufones yw'r ffynhonnau. Yn y pentrefi o gwmpas, fodd bynnag, resollus yw'r enw a roddir arnynt. Gair Astwreg yw resollu, yn golygu anadlu trwm neu chwyrnu.

Yn fuan iawn ar ôl cyrraedd yma, daethom i adnabod sŵn y rhuo fel arwydd i adael y dasg a charlamu tua'r clogwyni. Bryd hynny byddai pobl yn dod yno ar benwythnosau, ond pe ddigwyddai yn ystod oriau gwaith fe fyddem ni yno ar ein pennau'n hunain. Nid felly nawr: bydd y cyntaf i'r ffynnon yn ffilmio'r rhyfeddodau ac yn eu rhannu'n syth ar-lein. Mewn byr o amser bydd y ceir yn cyrraedd.

Dônt o drefi'r fro, dônt yn ddiweddarach o ddinasoedd Astwrias, ac yn yr haf wrth gwrs mae'r miloedd ar filoedd o ymwelwyr bob un yn benderfynol o gael tynnu'i hunlun o flaen y bufones. Bu'n rhaid gwahardd pobl rhag gyrru reit at ochr y dibyn, a chreu meysydd parcio ar gyrion y pentref, meysydd sy'n llawn bob dydd yn ystod y tymor er bod rhaid cerdded cilometr neu ddau oddi yno i'r bufones.

Rydych chi'n cael cerdded reit at ochr y glogwyn, rydych chi'n gallu sefyll hyd braich o'r pistyll a theimlo'r dŵr yn ffrwydro lan i'r awyr. Does dim wal na weiren i'ch cadw rhag teimlo'r niwl o ddŵr hallt sydd yn ffurfio wedyn. Ac mae'r lluniau, oherwydd y gwrthgyferbyniad clasurol o ddŵr a golau, yn gallu bod yn wych.

Ond mae'n rhaid defnyddio synnwyr cyffredin. Rhaid gwerthfawrogi nerth natur. Ryw 15 mlynedd yn ôl, roedd pâr ifanc wedi dod o dref gyfagos i weld y sioe. Fe benderfynodd y llanc orwedd yn y pant lle bydd y resollu mwyaf oll yn codi. A do, fe'i codwyd sawl metr i'r awyr gan rym y dŵr. Ond yna fe gafodd ei daflu i'r llawr, yn gorff llipa ar y creigiau. Bu farw yn y fan a'r lle.

Ac ar y nodyn hwnnw o rybudd, trown yn ôl i'r ardd.

Drwy gydol mis Mai byddaf yn gwylio dail y coed ffrwythau'n ymddangos. Doeddwn i ddim wedi sylweddoli, cyn inni fyw gyda pherllan, gymaint o'r coed sy'n blodeuo cyn bod y dail yn datblygu. Mae hynny mor wir am y rhai fel y goeden cnau Ffrengig, gyda'i blodau benywaidd di-nod a'i blodau gwrywaidd di-liw, ag yw e am hen ffrindiau fel y goeden afalau. Mae'r coed sitrig, ar y llaw arall, i gyd yn fytholwyrdd, a'u blodau bach gwyn yn dibynnu ar eu persawr i ddenu peillwyr. Azahar yw enw persawr arbennig blodau'r oren yn Sbaeneg, enw o'r Arabeg sy'n ein huno ni â chyfnod y Mwriaid yn y De.

Mae'r rhan fwyaf o'r coed yn dangos dail cymedrol eu maint, ond mae'r caci (persimon) yn llawn dail mawr sgleiniog crand, sydd yn edrych fel rhai bytholwyrdd ond yn cwympo yn yr hydref. A'r un sydd bob blwyddyn yn deilio'n olaf yw'r goeden cnau Ffrengig, y dail yn dechrau'n fach ac yn lliw cochlyd cyn datblygu'n las cadarn cyn troi eto'n winau tywyll gyda throad y tymhorau.

Mae mwynder Mai yn rhoi cyfle bendigedig am ychydig o chwynfyfyrio. Mae chwynnu'n waith bob dydd yma; mae dywediad lleol yn addo 'os planni di ffon mewn cae bydd yn deilio' ac mae hyn wedi cael ei brofi sawl gwaith wrth inni ddefnyddio hen gangen fel postyn. Ar ddiwrnod o haul ac awel fach mae'n dasg sy'n rhoi digon o amser i rywun feddwl, neu hyd yn oed i synfyfyrio, wrth dynnu neu balu neu dorri yn ôl yr angen.

Meddwl am beth i gael i fwyta, neu synfyfyrio am brydferthwch yr anialwch gerllaw. Gwell gadael y trywydd hwnnw, achos mae'n arwain at feddwl am y tir fu unwaith yn borfa gwartheg neu'n dir llafur, ac sydd yn awr yn wag o dan y mieri a'r eithin. Ond yn ddiweddar bûm yn chwynfyfyrio, yn meddwl am y chwyn eu hunain.

Ni sy'n rhoi'r enw chwyn arnyn nhw, y llyriad (plantain), dant y llew, dail tafol (dock). Gawn ni adael mieri ac eiddew a danadl poethion naill law am y tro; achosion arbennig yw'r rhain, fel byddinoedd y gelyn yn aros iti droi dy gefn am funud fach. Ond mewn gwirionedd dim ond enw arall ar flodau gwyllt yw chwyn, blodau gwyllt sy'n llai derbyniol inni nag eraill. Well inni gofio eu bod nhw yr un mor bwysig i greaduriaid eraill, yn enwedig i bryfaid. A heb y pryfaid hynny, sut olwg fyddai ar ein gerddi blodau a'n lluarth ni? Digon tila, ga'i awgrymu.

Wedi dweud hynny, mae gyda ni ddarnau helaeth o dir lle mae gyda ni blanhigion dewisedig, boed lysiau neu flodau, ac yn rheiny byddwn yn dewis tynnu'r chwyn. Ar y graig, y darn mwyaf gwyllt, mae nifer o safleoedd y byddwn yn eu defnyddio ar gyfer garlleg, pys, a thato, heb sôn am y coed sitrig. Mae'r darn hwn yn sychu'n gynt ar ôl glaw, ac felly'n well ar gyfer cnydau sydd yno dros y gaeaf.

Ond mae digonedd o le ar ôl i'r planhigion oedd yn byw yno cyn inni gyrraedd ac a fydd yma ar ôl inni fynd: dant y llew, llygaid y dydd, gwahanol fathau o wair, llin, ac ati. Ac yn eu plith mae'r rhai sydd yn fwy o drysor, i mi o leiaf: blodyn yr haul (helianthemum), lithodora, seren y gwanwyn, tegeirian y gwenyn, clychau'r tylwyth teg, hepatis nobilis. Gymaint o chwilio fu mewn llyfrau ac ymhlith y cymdogion i gael enwau'r rhain! Pan fyddaf yn dod ar eu traws af ati i glirio ychydig ar y gwair a'r eiddew o'u cwmpas, er mwyn rhoi siawns iddyn nhw yn erbyn y bwlis mawr.

Ond fel yr awgrymais ar y dechrau, mae rhai pethau yn cael triniaeth neilltuol. Byddwn ni'n cynaeafu danadl poethion, yn eu tynnu nhw o'r ddaear ar ddiwrnod sych pan fydd y gwreiddyn yn dod allan yn rhwydd, ac yn defnyddio'r dail (Rhybudd: Menig Lledr Cryf!) i wneud gwrtaith. Wedi cwpl o fisoedd mewn bwceded o ddŵr, mae'n darparu nid yn unig nitrogen ond hefyd haearn, copor a photasiwm i'r llysiau. Bydd unrhyw blanhigyn lle mae angen helpu tyfiant y dail yn mwynhau diod o de danadl poethion. Mae hynny'n arbennig o wir yn ystod y gwanwyn a'r haf cynnar. (Rhybudd: drewdod cryf.)

Bydd rhaid ei wanedu 1:10 ar gyfer dwrhau, ac 1:20 os ydych chi am ei roi e ar y dail yn uniongyrchol, achos mae'n gryf ac yn gallu llosgi'r planhigyn. Gallwch chi ddibynnu ar y danadl poethion i ddychwelyd dro ar ôl tro, felly dim ond eu cadw dan reolaeth ydym ni.

Dyw mieri ddim yn cael llonydd o gwbl, ond eu torri nôl i'r bôn, neu eu tynnu'n gyfangwbl os bydd hynny'n bosib. Maen nhw'n rhemp ar hyd ochrau'r caeau gwag a'r feidiroedd sy'n mynd atyn nhw, felly pan fydd hi'n amser mwyara mae digon o ddewis gyda ni!

A'r iorwg, neu'r eiddew? Wel, cadw hwnnw dan reolaeth unwaith eto. Ei dorri'n ôl yn hallt, ond ei weld yn dychwelyd bob tro ac ym mhob ran o'r ardd. Y broblem yw'r blodau, sy'n ymddangos yn yr hydref pan fydd y rhan fwyaf wedi darfod, ac yn un o hoff bethau gwenyn yr ardal. Alla'i ddim eu torri nhw pan fydd y gwenyn yno'n sugno neithdar, felly mae eu hadau yn datblygu, a'r gwynt yn eu cario nhw i bobman.

Pan ddaethom yma gyntaf, roedd coeden lemwn ar ben y bryncyn, hen goeden oedd wedi gweld dyddiau gwell, ynghudd yn y mieri o'i chwmpas. Flynyddoedd wedyn, dywedodd rhywun wrthym fod un o berthnasau'r fenyw oedd bia'r tŷ wedi rhoi'r goeden iddi'n anrheg priodas. Gyda bôn braich a thân fe gliriwyd y rhan honno, a gyda digon o faldod fe ddaeth y goeden lemwn at ei hun a dod â ffrwyth am y 15 mlynedd nesaf. Yn ôl cymdoges arall 'mae pob coeden angen perchennog'. Efallai heddiw byddai'n fwy addas dweud bod pob coeden angen gwas neu forwyn i'w thendio.

Roedd yn amlwg ers y dechrau y byddai angen un newydd, felly prynwyd dwy, rhag ofn. Plannwyd y ddwy mewn mannau gwahanol ar yr ucheldir, ond ar ôl dwy flynedd roedd yn amlwg nad oeddent yn hapus. Yn awr mae un wrth y teras a'r llall mewn poced dwfn yng nghreigiau'r ucheldir, a'r ddwy yn cynhyrchu lemwns sy'n nodweddiadol o rai Astwrias: yn fawr fel arfer, a'u gwyngroen yn drwchus, ond y melyngroen yn fyw iawn a'r sudd yn llifo.

Unigrywiaeth y lemwn yw bod pob ffurf o'r ffrwyth i'w weld ar y goeden ar yr un pryd. Yn y gwanwyn a'r haf, blodau, ffrwyth maint tŷ doli, ffrwyth maint wy sy'n wyrdd, a ffrwyth mwy sy'n graddol droi'n felyn. Mae hynny'n golygu ein bod yn gallu mynd i dorri lemwn bob dydd o'r flwyddyn. Torri â chyllell neu sisiwrn, hynny yw, oherwydd fe all rhwygo lemwn o'i frigyn, neu ei droi a'i droi nes iddo ddod yn rhydd, niweidio'r gangen a'r goeden. Serch hynny, rwyf yn credu y dylai pawb, unwaith yn ei fyw, dynnu lemwn byw, oherwydd mae'r persawr sydd yn cael ei ryddhau mor drwchus, mor ddwfn, y bydd yn siŵr o aros yn y cof fel madeleines Proust.

Ym mis Mai byddwn yn tocio'r coed sitrig, er bod ambell un o'r cymdogion o blaid ei wneud yn Chwefror. Mae tocio'n cyflawni nifer o bethau. Yn gyntaf, cael gwared ar y canghennau sy'n tyfu yn erbyn ei gilydd, achos mae hyn yn gallu niweidio ffrwyth yn ystod y stormydd gaeafol. Yn ail, mas â'r rheiny sy'n tyfu tua chanol y goeden: mae angen i'r awyr basio drwodd, stormydd neu beidio. Ac yn drydydd, gwella siâp y goeden, gan dorri canghennau sy'n plygu tua'r llawr, er mwyn gallu clirio'r tir o dani, a'r rhai sy'n mynd yn syth am yr haul, fydd ddim yn cynhyrchu'n dda.

Angen nifer o ffrwyth da sydd, nid llawer o ffrwyth bach na ellir eu cyrraedd ond ag ysgol. Rhaid sefyll yn ôl o bryd i'w gilydd i gael y llun yn gyflawn, rhag ofn torri gormod ar un ochr.

Daeth i'n sylw'n gynnar iawn bod gan bron bob tŷ goeden oren aeddfed yn ogystal ag un lemwn, traddodiad ar ôl amaethyddiaeth canrifoedd cynt. Does neb yn eu gwerthu nhw nawr, ond rhai yn gweithio marmalêd, ac eraill yn defnyddio sudd oren i lanhau treip y mochyn ar ôl ei ladd.

Felly mas â ni a phrynu un goeden oren a dwy mandarin. Mae'r coed hyn yn cymryd eu hamser cyn dechrau ffrwytho, ond nawr a hwythau'n 12 oed cawn ddigonedd rhwng y Nadolig a'r Pasg. Ac nid dyna'r cwbl. Pan ymddangosodd cangen fawr yn isel ar fôn y goeden oren, fe'i torrwyd a'i phlannu i dyfu'n goeden arall. Fel hyn y buom yn dysgu am y planhigion, blodau a chnydau, oedd yn newydd inni: chwilio mewn llyfrau neu ar y we, gofyn i'r cymdogion, ac arbrofi. A dysgu hefyd pa mor hanfodol yw cofnodi'r arbrofi!

Yn aml, bydd gweddill bywyd yn golygu na fyddant yn cael eu tocio am flwyddyn, ac wedyn byddant yn mynd yn orlawn, gyda llwythi o frigau bach yn tagu'i gilydd. Angen tocio mawr. Y peth hawsaf, heb wneud niwed i'r goeden, yw tocio un chwarter. Mae'n teimlo fel ymosod ar gyfaill, ond mewn gwirionedd mae tocio fel y disgrifiais uchod yn galluogi rhywun i weld gwir siâp y goeden, a gweithio gyda hwnnw. Fydd y chwarter sy'n cael ei docio felly ddim yn ffrwytho am flwyddyn, ond erbyn y flwyddyn ganlynol bydd yn iawn.

Ar ôl y torri nôl, yr ymdrech amhosib i reoli'r llecyn bach o ddaear sydd gyda ni, daw tasg llawer mwy at ein dant: y cynhaeaf.

Flynyddoedd yn ôl roedd 'mayo largo', 'hirfis Mai', yn gyfnod o newyn yng nghefn gwlad. Byddai storfeydd y gaeaf wedi'u gwacáu, y cig hallt a'r ffa wedi mynd i fwydo'r teulu, a dim byd yn barod eto ar y tir i'w roi ar y ford. Efallai mai dyna pam mae llawer o'r pentrefwyr yn gwrthod bwyta ffa llydan, maen nhw'n cofio'u cael nhw i bob pryd yng ngwanwyni eu plentyndod.

Ond i ni, mae dyfodiad y ffa llydan, y pys cyntaf a'r merllys neu asbaragws, yn amser o fwynhad pur, o foethusrwydd hyd yn oed.

Byddaf yn gwylio'n eiddgar, yn awchus, wrth i'r codennau ddechrau tewhau. Byddaf yn cerdded draw i'r cae bob bore ac yn chwilio am unrhyw arwydd o goesyn merllys yn codi o wyneb y ddaear. Ac yna, un bore, bydd digonedd.

Yn sydyn, byddaf yn gallu llenwi basged ddwywaith drosodd a gorfod mynd yn ôl droeon i gasglu gemau glas y gwanwyn. Moeth arall yw eistedd ar y teras, gyda ffrwyth y cynhaeaf yn gorchuddio'r ford i gyd, yn dewis y rhai mwyaf tyner a'u hagor ar gyfer gwneud pryd fel risotto primavera, reis gwanwyn yr Eidalwyr. Bron yn llachar yw lliwiau eu glesni amryliw, a hynny a'u persawr a'r ffordd mae fy mysedd yn teimlo llyfnder eu croen, i gyd yn cyfrannu at y teimlad o fraint, fy mod yn cael gwneud hyn. Wedi llyfnder y codau pys â'u glasbaill, rhwygo llinynnau codau garwach y ffa i ddarganfod y trysorau bach yn eu gwely melfed.

Wrth gwrs, dydyn nhw ddim yn dod eu hunain! Mae eu hymddangosiad yn dibynnu ar lawer diwrnod o waith paratoi, plannu a gofalu am y planhigion. Ond ar ddiwrnod braf o Fai mae rhywun yn gallu anghofio hynny a byw yn y funud.

Law yn llaw â'r cynhaeaf cynnar, mae angen plannu, a gweithio tuag at y profiad nesaf o fwynhad cynaeafol...

Cael y tomatos i fewn yw gwaith mawr Mai yn y cae:

Yn gyntaf, paratoi'r tir: palu a chwynnu a gwrteithio.

Yn ail, codi'r adeiladwaith fydd yn cadw'r planhigion a'u ffrwythau i ffwrdd o'r pridd ac oddi wrth (rhai o'r) malwod. Polyn bob metr, a chêns bambŵ ar eu lled ar hyd y rhes. Gwneud yr un peth am wyth rhes.

Dwrhau.

Ac yn olaf, plannu. Bydd y rhan fwyaf o'r planhigion bach wedi egino a dechrau tyfu yn y tŷ gwydr; eraill wedi eu prynu yn y farchnad neu'n anrhegion gan gyfeillion.

Mis Mai fel arfer yw un o'r mwynaf ar gyfer teithio ar y môr. Stormydd y gaeaf a'r gwanwyn wedi pasio, a'r llongau eto heb y cannoedd sy'n eu llenwi yn ystod yr haf. Ond un flwyddyn, fe aeth popeth o chwith.

Roeddem ni eisoes wedi dioddef oedi ddwywaith oherwydd tywydd garw'r gwanwyn, ac yn edrych ymlaen at ddychwelyd i Gymru ddechrau mis Mai. Siawns oedd ein bod wedi gwirio gwefan y cwmni, achos roedd y tywydd yn siriol. A beth oedd yno oedd bod un o injans y fferi wedi mynd ar dân, a hynny tra roedd hi'n croesi o Plymouth i Sbaen. Bu'n rhaid iddi chwilio am loches, a diffoddwyr tân, ym mhorthladd Brest ar arfordir deheuol Llydaw.

Ar ôl oriau o ffonio a danfon negeseuon, fe lwyddwyd i gael lle inni ar long fyddai'n hwylio dridiau wedyn. Bryd hynny, fe ddwedodd y cwmni y byddai'r llong yn ôl cyn y dyddiad yr oeddem yn bwriadu hwylio nôl i Sbaen. Ac felly y bu.

Ond och a gwae, yr wythnos wedyn, a ninnau'n dal i fod yng Nghymru, cafodd y llong broblem arall, y tro hwn yn yr offer llywio, a nôl â hi i'r iard. Doedd neb yn gallu dweud wrthym ni pryd y byddai'n hwylio eto. Hwylio i Ffrainc, a gyrru am ddiwrnod a hanner, neu chwilio am le ar un o'r fferis rhatach? Roedd yr ateb yn amlwg. Rhaid i Ffrainc aros ei thro.

Hap a damwain oedd hyn. Flwyddyn arall, digwydd bod ein teithiau i gyd wedi eu trefnu yn ystod y dyddiau tawel rhwng stormydd, a dim rhaid inni newid o gwbl. Dim ond aros yn eiddgar i weld beth sydd wedi tyfu'n dda tra'n bod ni ffwrdd. Y chwyn, fel arfer.

Mehefin

Mehefin. Canol y flwyddyn, a chanol haf i'r hen Geltiaid. Mis fy mhenblwydd, mis artaith arholiadau fy mebyd – a'r mis y daeth y tŷ yn eiddo inni. Roedd y prynu'n ddigon syml; roedd cyfreithiwr o Sbaenwr yn Llundain wedi bod drwy'r dogfennau i gyd, roeddwn i wedi llwyddo i agor cyfrif banc yn Ribadesella ac wedi trosglwyddo arian. Ar y diwrnod mawr, aethom i'r banc, i gyfarfod y rheolwr a'r fenyw oedd yn gwerthu. Yn ffodus iawn, roedd ei morgais gan yr un un banc, dim ond llofnod i gadarnhau y byddai'n harian ni yn mynd yn gyntaf at dalu hwnnw, a bant â ni (gyda'r rheolwr banc) mewn criw oedd wedi tyfu rywfaint: yr asiant, cefnder y werthwraig a'i wraig e, rownd y gornel i swyddfa'r cyfreithiwr notari er mwyn gwneud y gwerthiant yn swyddogol. Cefais ddeall wedyn ei bod yn arfer gwneud hyn rhag ofn bod rhywun yn codi benthyciad arall ar y tŷ cyn selio'r contract! Gwrando wedyn ar y notari yn darllen y gweithredoedd yn uchel, cyn eu harwyddo a'u selio.

Daeth mis o artaith wedyn wrth inni ymgymryd â biwrocratiaeth enwog Sbaen, y cwmnïau dŵr a thrydan, a'r cyngor lleol.

Nid clonc yn y bar yw hwn, rhaid wrth waith cartref gyda'r llyfrau gramadeg a geirfa. Mae Sbaeneg ysgrifenedig yn dal yn ffurfiol iawn, hyd yn oed mewn papur newydd. Penderfynais i y byddwn yn cael mwy o groeso, ac efallai o gymorth, petawn yn siarad ac yn ysgrifennu yn 'iawn'.

Cyn mynd, byddwn yn benthyca hen dric o baratoi cyfweliadau gyda gwleidyddion. Fel hyn mae'n mynd:

Byddaf yn gofyn rhywbeth (sut mae newid yr enw ar y cyfrif dŵr, er enghraifft).

Wedyn, a chymryd bod yr ateb yn ffafriol, bydd yn cynnwys geiriau fel hyn, ac os bydd yn anffafriol, fel arall. I'r geiriadur ac unrhyw bapurau oedd gen i oddi wrth y swyddfa dan sylw, i wneud yn siŵr bod gen i'r eirfa iawn.

Linaria alpina

Fel hyn byddwn yn gallu adnabod a deall digon o eiriau yn yr ateb cyntaf i gario ymlaen. Byddwn i wedyn yn gofyn yr ail gwestiwn gan ddefnyddio'r geiriau hynny, a gofyn hefyd a oeddwn yn gywir. Ac yn y blaen ac ati.

Mae hynny'n tynnu'r llall i fewn i sgwrs yn hytrach na chwestiwn ac ateb, ac fel arfer byddwn yn cael y wybodaeth angenrheidiol, neu'r caniatâd, neu beth bynnag.

Hefyd wrth gwrs, yn ddigon naturiol, mae'r swyddogion yn gwerthfawrogi'r ymdrech yr wyt ti wedi gwneud, mae'n dangos dy fod yn cymryd y peth o ddifri.

Ond rhaid cyfaddef, ar y dechrau byddwn yn dod allan o'r swyddfa wedi ymlâdd yn llwyr. Diolch byth ein bod yn gallu dianc at y lluarth, ac ym mis Mehefin, at y mefus.

Fel bron bob peth yn y lluarth, fe ddechreusom gyda phlanhigion mefus a ddaeth yn rhodd gan gymydog, dechrau ymddiddori, a thros y blynyddoedd prynu neu ddod o hyd i fathau melysach, fel arfer yn llai eu maint. Mae marchnadoedd hafol Sbaen yn llawn blychau o fresónes, mefus anferth lliw gwaed ffres ond llai eu blas. Dal i chwilio yr ydym ni, wrth gwrs; byth yn llonydd.

Hawdd iawn heddiw prynu planhigion bychain ar y we, a llawer llai o drafferth na rhoi cais ar hadau, oherwydd o'r babis bach sy'n 'rhedeg' oddi wrth y famblanhigyn yn ystod yr haf a'r gaeaf bydd y goreuon yn dod. Hefyd, byddant yn union yr un fath.

Eto, fel cymaint o bethau eraill, roedd y mefus cyntaf yn gorfod ymgartrefu yn un o'r gwelyau yr oeddem wedi'u creu ar y bryncyn, cyn inni brynu'r cae. Roedden nhw'n hapus iawn yno, mewn llecyn yn wynebu'r de heulog, ond fel yr awgrymais, doedd eu blas ddim yn arbennig.

Bryd hynny nid oeddem wedi deall yr angen i roi rhywbeth o dan y planhigion wrth iddyn nhw dyfu, i gadw'r ffrwyth yn lân a lleihau ymosodiadau'r gwlithod. Ond wyddoch chi beth, roedd e fel petai'r mefus yn gwybod. Ar ôl inni fod bant am wythnos brin, daethom yn ôl i ffindo gwely o wair isel, dail y mefus yn codi drosto a'r ffrwyth yn cuddio ynddo o olwg yr adar. Straw berries, wir.

Ychydig yn uwch na'r gwely hwnnw roedd sifis – mefus bach gwyllt, mirhuendános yn Astwreg ein hardal ni – yn heidio'n bendramwnwgl dros y graig noeth, yn dod o hyd i bocedi bychain o bridd i fwrw gwreiddiau. Erbyn hyn mae rhain wedi ymddangos bron bob man yn yr hen ardd. Maent yn hoff iawn o'r llefydd lle rwyf i wedi carco tipyn ar y pridd er mwyn plannu blodau, ac rwy'n gadael llonydd iddyn nhw y rhan fwyaf o'r amser, a'u mwynhau fel gorchudd byw sy'n dod â ffrwyth hefyd. Oni bai, hynny yw, pan fydd y tyfiant yn gymaint o drwch nes iddyn nhw fygwth tagu'r fuschia bach neu'r margueritas.

Maen nhw'n aeddfedu'n rhyfeddol o gynnar, ganol mis Mai, ond yn cadw i fynd drwy fis Mehefin.

Nôl â ni nawr at y chwiorydd mawr, y mefus. Yn y cae mae nhw nawr; fe roddwyd cais ar sawl man neilltuol, yn bennaf er mwyn iddyn nhw beidio â bod yng nghysgod y pys a'r ffa llydan, fyddai'n dwyn yr haul yn ystod y tymor tyfu. Ac fe driwyd sawl math: erbyn hyn beth sydd gyda ni yw Malweena a Mara des Bois. Mae'r ddau wedi eu bridio o rieni sy'n cynnwys y sifis (fraises des bois yn Ffrangeg) a'u ffrwyth yn bersawrus yn llygad yr haul ac yn blasu fel mefus ein plentyndod.

Y tro cyntaf es i draw i gasglu rhain ar brynhawn twym, bron i mi lewygu mor gryf oedd y persawr pan blygais i dynnu'r ffrwyth.

Mae planhigyn mefus yn parhau'n ffrwythlon am ryw dair neu bedair blynedd, ac ar ei orau yn yr ail a'r drydedd. Ond ymhell cyn hynny bydd y rhedwyr bach wedi dod allan i geisio ffurfio rhai newydd i chi am ddim. Y peth gorau yw eu tocio nhw yn y flwyddyn gyntaf a'r ail, er mwyn i'r fam-blanhigyn defnyddio'i nerth i dyfu ffrwyth, a'u gadael nhw i dyfu, efallai dau i bob planhigyn, yn ystod y drydedd. Gallwch chi helpu'r eginblanhigion drwy eu dwrhau nhw fel y byddant yn dodi gwreiddiau'n gynt. Erbyn i chi balu lan y planhigion gwreiddiol bydd y rhai newydd yn hunangynhaliol. Byddwn yn aml yn codi'r cwbl ar ddechrau gaeaf y bedwaredd flwyddyn, taflu'r hen rai i'r domen gompost a chadw'r rhai bach mewn man cysgodol tan y gwanwyn. Mae hyn yn rhoi amser i droi'r tir a'i wrteithio cyn ailblannu.

Fyddwn ni ddim bob amser yn plannu mefus yn union yr un lle, ond mae angen haul. Ar ôl paratoi'r tir byddwn yn rhoi deunydd gwrth-chwyn dros y gwely cyfan, a thorri tyllau ynddo wrth blannu pob planhigyn. Pan fydd y ffrwyth yn dechrau aeddfedu ym mis Mehefin bydd angen rhwydi hefyd rhag yr adar; bydd y deunydd oddi tano'n cadw'r gwlithod a'r malwod draw.

Yn aml iawn ym mis Mehefin bydd gormod inni eu llyncu'n ffres, ar eu pennau'u hunain neu gyda ffrwythau eraill. Bydd y cymdogion wastod yn falch o'u cael nhw'n rhodd, ond hefyd byddaf yn mynd ati i wneud hufen iâ. Rwy'n dwlu ar hufen iâ a sorbe, yn gymaint wnes i brynu peiriant yn arbennig i'w gweithio nhw.

Mae'r sorbe'n hawdd iawn: 500g o ffrwyth y mefus, 100g o siwgr mân, sudd hanner lemwn. Stwnsio'r ffrwyth yn puree – gallwch chi ridyllu fe os ych chi eisiau cael gwared ar yr had sy'n frith drostyn nhw, ond fel arfer fydda'i ddim. Ychwanegu'r siwgr, a gadael iddo hydoddi. Ychwanegu sudd lemwn, a blasu. Efallai y bydd angen mwy o siwgr. Wedyn ychwanegu dropyn bach o wirod mefus, yn ôl eich dewis, ac i'r peiriant â'r cwbl! Os nag oes peiriant gyda chi, rhowch y cymysgedd mewn twb yn y rhewgell am awr neu ddwy, tynnu fe mas a'i droi, a'i ddodi fe nôl. Efallai y bydd rhaid gwneud hyn unwaith yn rhagor ar ôl awr arall, ond wedyn dylai'r gwead fod yn iawn, achos gyrru aer drwyddo rydych chi wrth ei droi fel na fydd yn rhewi'n gorn yn un bloc.

Mae ychwanegu dropyn o wirod yn helpu'r rhewi hefyd. O beth rwy'n ddeall, mae'r alcohol yn iselhau pwynt rhewi'r sorbe, fel y bydd yn aros yn fwy meddal. O Lydaw, o bentref Plougastel, y daw'r gwirod mefus mwyaf adnabyddus, ond rwy'n defnyddio un rhatach o lawer sy'n cael ei gynhyrchu 40km i ffwrdd yn ardal Villaviciosa.

Mae esgus da gyda ni dros fwyta pethau melys hefyd, achos gwaith corfforol yw gwaith y lluarth. Mae cynaeafu'n eithaf hawdd, ond daw hyn ar ôl yr holl baratoi a phalu! A phan fydd cnwd wedi dibennu, rhaid clirio'r planhigion, a'r chwyn sydd wedi tyfu rhyngddynt heb i neb sylwi. Ddiwedd mis Mehefin byddwn yn cario'r pys olaf i'r bwced, y planhigion crin a'r chwyn i'r domen gompost, a'r ffyn fu'n eu cynnal i'r domen losgi. Bydd rhaid llosgi'r cyfan cyn diwedd y mis pan ddaw gwaharddiad yr haf i fewn. Ymlaen wedyn i dorri coesau'r merlys wrth iddynt ddechrau blodeuo. Mae angen iddyn nhw atgyfnerthu at flwyddyn nesaf, nid gwastraffu eu hegni'n cynhyrchu had.

Sdim eisiau mynd i'r gym, mae pob dydd yn y lluarth yn rhoi gwaith i holl ewynnau'r corff.

Pleser yw edrych o gwmpas a gweld darn eithaf mawr wedi'i glirio. Tipyn bach o dristwch hefyd am fod tymor y pys ar ben.

Mae cymaint o chwyn a deunydd llysieuol gwastraff yn golygu bod tomenni compost ar hyd a lled ein tir. Eto, sdim pwynt cael un sy'n rhy fach, oherwydd ni fydd yn cynhyrchu ddigon o wres i bydru'r deunydd sydd ynddi. Mae'n rhai ni yn tueddu o fod tuag 1 metr bob ffordd. Rydym yn ceisio'u gosod mewn llefydd sydd allan o lygad yr haul yn yr haf: gormod o sychder hefyd yn amharu ar y pydru. O dan y graig ar ochr ogleddol y bryncyn mae'r un wreiddiol, tomen dridarn lle mae'n bosib llenwi un a'i adael i aeddfedu 6 mis neu flwyddyn, tra bod yr un nesaf yn cael ei lenwi a chynnyrch y trydydd yn cael ei ddefnyddio.

Byddwn yn rhoi bron bob peth ynddi: sbarion o'r gegin, gwair wedi'i ladd, chwyn, papur newydd, plisg wyau, ac wrth gwrs yr hen blanhigion. Y peth pwysig yw cael digon o amrywiaeth, a pheidio â chynnwys unrhyw beth sydd â haint: tomatos neu ffrwyth coed sydd â salwch arnynt. Rhaid llosgi rhain gyda brigau'r coed a dociwyd yn ystod y gaeaf, fydd erbyn hyn yn sych ac yn llosgi'n dda. A hefyd, osgoi esgyrn cig a physgod, a bara, er bod briwsion yn iawn. Llygod fydd yn bwyta rhain, nid mwydod.

Rwy'n ceisio torri'r rhan fwyaf o bethau'n ddarnau llai, yn enwedig pethau caled fel crwyn sitrig (ydyn, maen nhw'n pydru'n dda). Peth da yw anelu at hanner a hanner 'glas a gwinau': deunydd ffres, yn llythrennol yn las, a deunydd mwy aeddfed fel coesau planhigion, dail sychion a chrwyn tato. Mae'r glas yn llawn nitrogen a'r gwinau'n dod â charbon i'r cymysgedd. (Mae dail sychion wrth gwrs hefyd yn werth eu casglu ar eu pennau'u hunain er mwyn gwneud deilbridd, ym mis Hydref neu fis Tachwedd.)

Er mwyn cynhyrchu compost da, rhaid i'r domen gael digon o aer yn symud drwyddi, a heb fod rhy wlyb nac yn rhy dwym.

Sail pridd yw'r gorau, er mwyn i'r bywydau bychain bacteraidd a ffwng symud i fewn a chychwyn y broses, ac wedyn i'r mwydod esgyn i'r domen pan fydd y compost yn dywyll ac yn edrych fel pridd yn hytrach na phlanhigion.

Mae clawr o ryw fath yn gymorth wrth geisio rheoli'r gwlypter/sychder; weithiau byddaf yn rhoi cardfwrdd trwchus dros y domen, weithiau haen o laswellt ffres, hyd yn oed darn o hen garped.

Rydym yn esgeulus iawn pan ddaw hi'n gwestiwn o droi'r domen. Mae'r llyfrau'n awgrymu ei throi bob dau fis, eto er mwyn i'r aer gyrraedd rhannau newydd, ac efallai bod hynny'n angenrheidiol yng Nghymru. Ond yma ar arfordir Astwrias mae siglo'r domen ychydig gyda fforch wair i weld yn gwneud y tro. Fe fydd y domen yn dwym tu fewn: os nad yw hi, dyw'r peth ddim yn gweithio ac ni fydd y deunydd yn pydru. Ond mae'n bur debyg y daw mwydod bach coch i wneud y gwaith o ddadwneud y planhigion, drwy eu bwyta a'u cachu mas, a bydd y deunydd sydd ar ôl yn dda. Os bydd y domen yn cyrraedd tymheredd uchel, ar ddiwedd y broses, bydd yn disgyn eto i dymheredd yr amgylchedd, a dyna pryd fydd mwydod yn ymddangos.

Ond beth yw pwrpas compost? Mae'n ffordd dda o gael gwared ar wastraff heb ei losgi, ond beth wedyn? Yr ateb yw gwella'r pridd. Mae'r hwmws, y deunydd organig ar ffurf compost, yn adlenwi'r pridd â phob math o fwynau, elfennau sy'n anhepgor i blanhigion iach, yn helpu gwella isadeiledd y tir ac yn creu amgylchedd da i'r holl fywydau bychain na wyddom lawer amdanynt. Y mycorhisa, er enghraifft, sef perthynas symbiotig rhwng planhigyn a ffwng, sydd yn gwneud yn siŵr y bydd y cemegau iawn yn cyrraedd y man iawn ar yr amser iawn.

Ai dyma pam mae blas llysiau neu ffrwythau yn amrywio yn ôl y tir? Mae'r Ffrancwyr yn glynu at y syniad o terroir lle bo gwin dan sylw, ac efallai bod yr un effaith i'w gweld ym mhob math o gynnyrch sy'n dod o'r lluarth.

Dal i ddysgu yr ydym ni bob dydd, dysgu'r ffordd hawsaf a mwyaf cynhyrchiol i redeg lluarth, a hynny wrth feddwl am yr effaith ar yr amgylchfyd.

A dweud y gwir, doeddem ni ddim wedi meddwl gwneud cymaint. Mae tyfu llysiau i'r ford yn boblogaidd o hyd yn Astwrias. Bydd taith mewn trên yn mynd heibio dwsinau o fythynnod a blociau bach o fflatiau gyda lluarth yn llawn letys, tomatos, tato, ffa gwyn a berza – math o fresych. Ac yn y pentref mae sawl un yn dal i dyfu wynwns a phys a ffrwythau coch. Glynu at y planhigion traddodiadol mae'r rhan fwyaf, tra bod eraill yn ymddiddori yn y pethau newydd fydd ar ein tir ni.

Yn y dechrau byddai nifer o'r hen fois yn ein beirniadu am hau neu blannu'n rhy gynnar, ond gyda thraul y blynyddoedd a'r newid yn yr hinsawdd, mae pobl yn deall nad ydy'r hen reolau'n rhy gadarn bellach, a bod rhaid cadw golwg barcud ar dymheredd a lleithder wrth benderfynu pryd i wneud pethau.

Daw plâu newydd hefyd: y picwns o Asia sydd bedair gwaith maint picwns cyffredin ac yn bwyta gwenyn; y gwyfyn o Guatemala sy'n distrywio tato. Rhaid cofrestru nawr cyn plannu tato, hyd yn oed i'r teulu: hyd yn hyn mae'n tir ni'n lân. Ac os weli di nyth picwns Asiaidd, sy'n fawr ac fel arfer ynghrog wrth gangen coeden, rhaid galw'r awdurdodau ar unwaith iddyn nhw gael dod a'i difetha.

Wedi dweud hynny, er bod y gwyfyn wedi cyrraedd gorllewin Astwrias, a'r picwns wedi nythu yn y pentref o leiaf unwaith, hyd yn hyn rydym ni heb weld eu heffaith ar ein tiroedd bach ni.

Yr hyn y byddwn ni yn eu gweld yn fwyfwy wrth i'r haf ymagor a'r tywydd wella yw'r pererinion. Bob blwyddyn mae mwy ohonynt yn straffaglu neu'n brasgamu heibio cefn y tŷ, yn dilyn hynt crefyddwyr y canol oesoedd ar eu ffordd i Santiago de Compostela. Mae Llwybr y Gogledd, neu Lwybr yr Arfordir, yr un mor hynafol â'r prif lwybr drwy León. Mil o flynyddoedd yn ôl, dyma oedd dewis llawer, gan gynnwys rhai o frenhinoedd gwledydd Ewrop, oherwydd ei fod yn saffach na mynd drwy'r mynyddoedd. Erbyn heddiw, y prif reswm dros ddewis yr arfordir yw'r ffaith bod llai yn gwneud hynny! Yn 2018, cwblhawyd y daith ar y Prif Lwybr gan 186,000 o bobl, tra bod 19,000 wedi troedio Llwybr yr Arfordir.

Os ewch i un o drefi'r Prif Lwybr, neu Lwybr y Ffrancwyr, yn fuan ar ôl brecwast, fe welwch chi fysus yn cyrraedd, a'u llond o deithwyr yn disgyn gyda pholion a hetiau llydan i weld eglwysi'r dref honno, a cherdded strydoedd cul y canol oesoedd, cyn dringo nôl ar y bws i fynd i'r llecyn nodedig nesaf. Mae rhannau pert iawn i gael, ond mae llawer o'r daith erbyn heddiw yn heolydd prysur.

Rwy'n synnu weithiau faint o'r pererinion ar ein llwybr ni sy'n dewis dilyn yr heol: mae'n gynt, ond dim cystal profiad yn fy marn i, yn enwedig gan fod gwybodaeth ar gael am y llwybrau hyfryd ar draws gwlad. Mae hefyd yn haws o lawer ar yr arfordir: dim ond cadw'r môr ar eich llaw dde, a'r mynyddoedd ar y chwith, a byddwch yn cyrraedd Galisia.

824km yw cyfanswm hynt Llwybr y Gogledd o ffin Ffrainc i Santiago, wedi ei rannu yn 34 o deithiau dyddiol sy'n amrywio o 11km i dros 30. Ychydig dros fis os byddwch chi'n ddigon ffit i wneud y cyfan yn syth. A sdim rhaid cadw at hwnnw, mae llawer yn gwneud wythnos un flwyddyn a dod yn ôl i wneud wythnos arall y flwyddyn wedyn.

Ar hyd y daith mae albergues – hosteli sydd yn darparu dorturiau (ac weithiau llofftydd unigol). Mae rhai bron yn swyddogol, yn cael eu gosod ar les gan y cyngor lleol, rhai yn fusnesau cyffredin, ac eraill yn gofyn dim ond beth mae pererin yn gallu'i fforddio. Er mwyn aros mewn albergue, rhaid cael credencial, cerdyn cyflwyno Llwybr Santiago. Dylech chi gael un o'r rhain wrth ddechrau cerdded, boed hynny yn Irun ar ffin Ffrainc neu, er enghraifft, yn Santander lle mae'n hawdd cyrraedd o dramor ar awyren neu ar long. Swyddfeydd Cyfeillion y Camino sy'n eu dosbarthu. Wedyn bydd eisiau cael stamp arno bobman y byddwch yn aros nos, a cherdded mwy na 100km i gyd, er mwyn cael y Compostela, tystysgrif a roddir gan Eglwys Gadeiriol Santiago de Compostela. Dim ond y rhai sy'n derbyn y Compostela sy'n cael eu cyfrif yn y ffigyrau swyddogol wrth gyfrif faint sy'n cerdded y Camino.

Llawer mwy o waith papur, felly, nag oedd yn amser y beirdd a ganodd am eu teithiau, neu deithiau eu noddwyr, yn bererinion i 'dir Iago' a 'Sain Shâm' 700 mlynedd yn ôl. Hawdd anghofio bod Cymry bryd hynny yn wlad Gatholig, mewn cyfnod pan oedd disgwyl i bobl brofi'u ffydd drwy bererindota.

Mae'n siwr bod rhai Cymry wedi troedio tiroedd Astwrias, ond byddai'r rhan fwyaf yn hwylio yn unionsyth i Galisia: mordaith hir a pheryglus ym "mawr ferw" y tonnau, ond yn well na cherdded ac yn ddiogel rhag lladron y ffyrdd.

Roedd y pererinion cyntaf yn dod adre â souvenirs: bathodynnau neu gostreli yn dwyn y garreg fylchog, sumbol Sant Iago. Ac yn Aberffraw, Ynys Môn, tua'r un adeg, dechreuwyd pobi bisgedi, teisen frau, sydd hyd heddiw yn dangos siâp y gragen.

Un peth sydd wedi goroesi'r canrifoedd yw'r arfer o gyhoeddi 'Año Jacobeo' neu 'Blwyddyn Iago', pan fydd Dygwyl Sant Iago, y 25ain o Orffennaf, yn disgyn ar Ddydd Sul. Dechreuwyd yr arfer nôl yn y ddeuddegfed ganrif, ym 1126 i fod yn fanwl gywir, a bydd 2021 yn un hefyd, bron i 900 o flynyddoedd yn ddiweddarach, a'r un gyntaf ers 2010. Gan fod nifer y pererinion yn gallu dyblu yn ystod Blwyddyn Iago, bron neb wedi cael mynd yn 2020, a llawer eisiau diolch am gael goroesi'r pandemig, gellir disgwyl torfeydd eleni.

Er ein bod ni'n byw wrth ymyl y llwybr, dim ond ychydig o'r daith yr ydym wedi ei chwblhau, a dim aros dros nos, ond mae'n brofiad cerdded lonydd di-drafnidiaeth yn chwilio am yr arwydd cragen fylchog sy'n dynodi troad. Y peth mwyaf peryglus ddigwyddodd i ni oedd cwrdd â haid o wenyn oedd yn chwilio am rywle newydd i fyw. Roedden nhw mewn coeden uwchben lôn gul â muriau cerrig, a bob tro inni geisio nesáu a'u paso nhw, daethon nhw i lawr fel cwmwl du o'n hamgylch. Bu'n rhaid inni droi nôl a chwilio am ffordd arall. A dyna rywbeth arall am y Camino, y Llwybr: mewn gwirionedd does dim 'ffordd iawn'. Mae 'na ffordd sydd ag arwyddion swyddogol, ond fel yn amser ein cyndeidiau fil o flynyddoedd yn ôl, mae'r daith ei hun cyn bwysiced â'r cyrraedd. Iddyn nhw roedd gorchfygu helyntion amrywiol y llwybr yn rhan o'r broffes ffydd. I ni mae'n brofiad i'w fwynhau – y rhan fwyaf o'r amser. Cofiwch: y mynyddoedd ar y chwith, y môr ar y dde, a'r haul yn codi ar eich ysgwyddau ac yn machlud o flaen eich llygaid.

Hwyl hefyd yw eistedd gyda phaned o de yn rhan ddeheuol yr ardd, heb symud o gartref, a gwrando ar yr holl leisiau, yr holl ieithoedd, wrth i bobl ddod yn gymrodyr cerdded am ddiwrnod neu am fis. Sbaenwyr wrth gwrs, ond llawer iawn o Almaenwyr a digonedd o Ffrancwyr. Heb glywed y Gymraeg eto, ond daw ambell i Wyddel, a mwy a mwy o bobl o'r Dwyrain Pell, yn enwedig o Corea. Anodd dweud faint sy'n bererinion yn yr ystyr crefyddol, ond mae rhywbeth mwy na gwyliau cerdded yn eu cymell nhw.

Mae digonedd o lwybrau eraill yn yr ardal hon i gadw pawb yn hapus am flynyddoedd. Roedd hi'n arfer ganddom ni gyrru lan i'r Llynnoedd i ddathlu fy mhenblwydd ym mis Mehefin, a cherdded oddi yno i un o'r refugios – y cabanau aros – naill ai Vega de Ario neu Vegarredonda. Taith gerdded diwrnod cyfan yno ac yn ôl, ond un sydd heddiw'n anos ei threfnu oherwydd cyfyngiadau ar geir preifat ar heol y llynnoedd. Gwaherddir ceir yn gyfangwbl yn ystod misoedd Mehefin, Gorffennaf ac Awst, ac o gwmpas y Pasg a gwyliau poblogaidd eraill. Rhaid gwneud hyn oherwydd y miloedd oedd yn heidio i'r lôn gul droellog, sydd heb furiau rhyngoch chi a'r dibyn ac yn codi 500m dros bellter o 11km.

Dychmygwch yr olygfa ar yr Wyddfa petai Llwybr y Mwynwyr ar agor i geir hyd at Llyn Llydaw. Mae meysydd parcio, a bysus, ond y broblem yw nad yw'r bws cyntaf yn cychwyn tan 0900, iawn i ymwelwyr sy'n mynd i weld y llynnoedd, ond nid i bobl sydd eisiau gwneud taith gerdded weddol hir. Mis Mai neu fis Medi amdani te! Erbyn mis Mai bydd yr eira wedi diflannu o'r ardal, a llawer iawn o flodau i'w gweld. A mis Medi yw'r sychaf, fel arfer, o'r misoedd i gyd.

Dyma ni felly ar lan y llyn uchaf o'r ddau, Llyn Ercina. O'n cwmpas wrth edrych tua'r llyn cwyd copaon creigiog mynyddoedd gorllewinol y Picos; yn bell y tu ôl inni mae'r môr.

Bydd gwartheg yn pori o'n hamgylch, yn anwybyddu'r ymwelwyr yn gyfangwbl. Ar ddiwrnod poeth byddant yn sefyll yn y llyn i gael hoe fach. Mae llwybr Vega de Ario yn dechrau ar ochr chwith y llyn, yn codi wrth droed craig anferth; mewn ychydig funudau bydd y llyn a'r twristiaid wedi diflannu. Nid felly'r gwartheg: bydd da byw ym mhob ran o'r daith. Mae'n llwybr hawdd ei ddilyn, er bod arwyddion yn brin, weithiau dim ond paent melyn ar graig.

Dilyn cwrs nant y mae'r hanner awr cyntaf; mae tramwy'r gwartheg a dŵr y nant ei hunan yn gallu'i gwneud hi'n fwdlyd iawn, ac os hynny bydd rhaid dringo lan yr ochr i gerdded ar y glaswellt. Ond wedyn down ni nôl at y garreg galch, gydag ambell vega yma a thraw. Math o borfa naturiol yw vega, lle mae dŵr y glaw neu'r nentydd wedi ac yn pridd i rywle lle bydd yn aros. Yn y mynyddoedd bydd ffurf bowlen las arno yng nghanol y creigiau llwyd. (Mae hefyd yn golygu man glas mewn diffeithwch, e.e. Las Vegas yn Nevada.)

Ar y vegas mwy o faint yn y Picos, cawn weld majadas, grwpiau bach o gabanau lle bu bugeiliaid y canrifoedd a fu yn treulio'r haf. Hafotai. Ychydig sy'n gwneud hyn heddiw, ond hyd at 50 mlynedd yn ôl dyna oedd yr arfer cyffredin. Nepell o'r llwybr yr ydym ni arno mae majada Belbín, lle byddwn ni gyda lwc yn gallu prynu caws.

Y darn nesaf yw'r mwyaf anodd o'r daith: mae'r llwybr yn dringo igam-ogam tua'r de-ddwyrain. Dyma un o'r rhesymau dros ddechrau'n gynnar: osgoi dringo hwn dan haul canol dydd. Ond er ei bod yn serth, dyw hi ddim yn hir. Ac er ein bod ni'n cerdded ucheldiroedd o tua 1500m, 400m yn uwch na chopa'r Wyddfa, anodd credu hynny. Hanner ffordd o ran amser, ond llai o ddringo o hyn ymlaen.

Mae blodau fan hyn gwanwyn, haf a hydref: os na fydd eira, bydd blodau. Tymor byr sydd ganddynt i gynhyrchu had, ac maen nhw'n gwneud y gorau ohono. Ond rydym ni wedi gadael y coed, dyw hyd yn oed y ffawydd gwyrdroëdig ddim yn gallu goroesi yma.

Gwastadedd yw'r Vega de Ario, ac mae'n bosib cerdded yn braf, ond rhaid bod yn ofalus am elfen arall o'r tirwedd carreg galch karst, sef y simas, tyllau dwfn iawn, dros gilometr mewn rhai mannau, sy'n ddigon llydan i berson gwympo iddyn nhw. Mae sawl tîm yn archwilio'r simas bob haf, yn astudio'r ddaeareg ac yn darganfod hen gyrsiau afonydd tanddaearol.

Lle eithaf mawr yw'r refugio, y caban, ei hun. Mae'n bosib aros yma drwy'r flwyddyn, ond dim ond yn yr haf mae gwasanaeth prydau bwyd. Mae'n bosib hefyd disgyn o'r Vega de Ario i Culiembro ar Lwybr Cares, un arall o hoff deithiau cerdded ymwelwyr i Astwrias. Ond well imi gyfaddef nad wyf erioed wedi gwneud hynny, ac nad wyf yn bwriadu gwneud. Does dim llwybr fel y cyfryw, rhaid dilyn pwyntiau ar y tirwedd – creigiau gan fwyaf – er mwyn dod o hyd i'r llwybr fydd yn ddiogel i berson ac nid dim ond i bistyll. Hyd yn oed ar dywydd da, gwell gen i droi'n ôl i'r gorllewin a dychwelyd i gyfeiriad y Llynnoedd.

Mae bwyd traddodiadol da i gael yn y bwyty/bar ar bwys llyn Ercina, a digon o fyrddau esboniadol o gwmpas mewn nifer o ieithoedd. Rhewlynnoedd yw'r ddau, yn dyddio o uchafbwynt Oes y Rhew 40,000 o flynyddoedd yn ôl. Rhewlifau sydd wedi palu lan y ddaear wrth anelu tuag at yr iseldir, a'i gadael mewn twmpathau mawr, marianau. Mae'r bryn rhwng y ddau lyn yn enghraifft o farian. Ac i chi sy'n dweud 'ond does dim llynnoedd ar garreg galch' – mae llechfaen yma hefyd. Ac weithiau, ond nid ym mis Mehefin, mae trydydd llyn. Dyw gwaelod Llyn Bricial ddim yn ddigon cryf i ddal dŵr am amser hir, felly pan fydd y rhaeadr sy'n ei fwydo yn gwanhau yn yr haf, mae'r llyn yn diflannu. Dywed yr hen fugeiliaid ei fod yn arfer goroesi tymor hirach, ond yn awr y gwanwyn cynnar yw'r amser gorau i'w weld.

Os sefwch chi yn y maes parcio wrth y caffi a throi'ch cefn ar Lyn Ercina, fe welwch chi lwybr yn mynd i lawr i'r dde o'r heol. Wrth ddilyn hwn cewch chi gyfle i weld y rheswm dros fodolaeth yr heol yn y lle cyntaf – y mwynfeydd.

Roedd La Buferrera yn cael ei weithio hyd at 1979, yn echdynnu haearn a manganîs. Ar un pryd roedd y ffordd o gludo'r mwyn crai i lawr y mynydd yn cynnwys lein rheilffordd a rhaffyrdd awyr. Roedd hyd yn oed ffatri drydan fach yn defnyddio dŵr y llyn i gynhyrchu pŵer. Anodd yw hi nawr ddychmygu'r sŵn a'r llygredd, ond roedd hwn yn safle mawr iawn yn ei anterth, gan mlynedd yn ôl a mwy.

Wedi diwrnod ar y mynydd beth am fynychu ffiesta gyda'r hwyrnos?

Mae'r Astwriaid yn dal i ddathlu canol haf, er taw Dygwyl San Juan (San Xuan yn Astwreg) yw'r enw arno ers dechrau'r cyfnod Cristnogol. Yn Ribadesella, y dref agosaf at ein tŷ, bydd coelcerth enfawr ar ynys lydan yng nghanol yr aber. Yn amlwg mae Gŵyl Ifan yr hen Gymry yn dod o'r un gwreiddyn. A bydd amser i gael siesta cyn y ffiesta, os ydym ni wedi blino cerdded: does dim byd yn digwydd tan hanner nos. Erbyn hynny bydd teuluoedd a grwpiau o ffrindiau wedi cyrraedd dan feichiau o fwyd a seidr i sicrhau lle. Ac yn ôl yr hen grediniaeth, bydd y Xanas, tylwyth teg Astwrias, wedi dod i ymuno yn y ddawns. Tân, bwyd, diod, i gyd ar y ddaear ac ar lan y môr. Mae pobl yn ymwybodol iawn o wreiddiau hynafol yr ŵyl, a llawer yn aros yno'n dawnsio tan y wawr. Wel, mae'n gwawrio'n gynnar y dyddiau hyn!

Gorffennaf

Ddechrau Gorffennaf, ac mae tai gwag y pentref, a dwyrain Astwrias i gyd, yn llenwi unwaith eto. Y persianas (caeadau'r ffenestri) yn codi bob bore a goleuadau i'w gweld gyda'r nos. Lleisiau plant yn chwarae, yn atseinio rhwng y muriau moel ac yn dod â bywyd newydd i rywle sydd yn gallu bod yn hen a hanner gwag. Dim lle i eistedd yn y bar gyda'r nos. Teuluoedd yn dychwelyd i dŷ mam-gu, eraill yn dod i'r tŷ y maent yn llogi flwyddyn ar ôl blwyddyn, rhai eto yn newydd-ddyfodiaid. Mae pris rhentu tŷ ar yr arfordir yn codi'n aruthrol yn ystod misoedd yr haf, ac mae plant a phobl ifainc Sbaen yn mwynhau gwyliau haf hir. Naw wythnos ar y lleiaf, ac mewn gwirionedd 10 neu 11, achos mae'r gwaith ysgol yn gorffen ganol mis Mehefin i'r rhan fwyaf.

Cyn y cwymp ariannol yn 2008 roedd datblygiadau tai haf fel madarch ar hyd yr arfordir, a chynghorau bach yn gweld ffynhonnell newydd o drethi. Does neb yn cael adeiladu o fewn 500m i'r terfyn morol, ac mae'r llinell honno'n cael ei phennu gan adran o lywodraeth Astwrias. A does neb yn cael adeiladu tu allan i bentrefi: eto, mae'r ffiniau'n swyddogol. Does dim cyfyngiad ar adeiladu tai haf fel y cyfryw: cawn weld sut bydd yn datblygu nawr bod pobl yn dechrau dychwelyd i gefn gwlad rhag ofn y pandemig.

Mis Awst yw'r mwyaf poblogaidd o hyd: dyna pryd fydd y gwasanaeth suful yn cau oni bai am achosion brys, a phoblogaeth trefi mawr y canoldir, yn enwedig dinasyddion Madrid, yn heidio am y môr er mwyn cael awel, a ffresni... a hyd yn oed glaw! Tra byddwn ni'n cwyno am ddiwrnod gwael bydd plant Madrid yn rhedeg o gwmpas fel chwyrligwgans yn joio cawod awyr agored.

Ond mae mis Gorffennaf yn dod yn fwy prysur bob blwyddyn. A rhentu tŷ, neu fflat, neu garafán, yw'r ffordd fwyaf poblogaidd o dreulio'r gwyliau. Fel arfer mewn teulu bydd y

Tipyn bach o Baradwys

ddau riant yn gweithio – gyda lwc bydd un yn gweithio mewn addysg ac yn cael gwyliau hirach. Os na, bydd aelodau eraill o'r teulu, mam-gu a thad-cu fel arfer, yn gofalu am y plant a'r rhieni'n dod ar benwythnosau. Mae priffyrdd Sbaen yn orlawn ar nos Wener a nos Sul drwy'r haf.

Ac mae ffyrdd bach cul y pentref yn llawn ceir sy'n cael eu gyrru gan bobl sydd heb arfer â muriau cerrig sy'n uwch na'r cerbyd, a choed sy'n pwyso dros yr heol. Yn araf araf bach byddan nhw'n mynd yn eu blaenau yn chwilio am rywle sydd ar fap gŵgl; gwae nhw (neu ni) pan fydd car arall yn dod i gwrdd â nhw. Mae'r rhan fwyaf yn gyndyn iawn o roi cynnig ar fynd tua nôl, sydd yn gallu achosi problem pan fydd y cerbyd sy'n dod y ffordd arall yn dractor ac yn tynnu treiler.

Mae problem neilltuol yn ein pentref ni: ryw ugain mlynedd yn ôl, fe benderfynwyd y byddai'n beth da cau'r rhan fwyaf o groesfannau dros y lein rheilffordd. Codwyd pont newydd sbon fel na fyddai rhaid i draffig yr heol gwrdd â thraffig y rheils. Gwneud y peth yn deidi, a thorri lawr ar ddamweiniau wrth i nifer y ceir gynyddu. Ond am ryw reswm, mae'r gwefan mapiau mwyaf poblogaidd yn dal i ddangos un o'r croesfannau, a hynny mewn man a fyddai'n gyfleus iawn ei ddefnyddio. Bron bob dydd yn yr haf, bydd ymwelwyr yn nesáu ato'n hyderus wrth wylio'r sgrin fach â'r smotyn glas. Pan fyddan nhw'n ei gyrraedd, gwelant rwystrau cryf yn debyg i'r rheiny ar draffordd: nid oes gobaith croesi. Nôl â nhw heibio tŷ ni, ar goll yn awr yn llwyr. Os byddant yn gofyn y ffordd, byddwn yn rhoi'r un cyngor ag i'r pererinion: draw fan'na mae'r mynyddoedd, a'r draffordd, i'r cyfeiriad arall mae'r môr. Fel hyn byddant o leiaf yn gwybod pa ffordd mae'r car yn wynebu. Achos mewn ardal fel hon lle mae'r signal ffôn mor wan, bydd y smotyn glas yna'n oedi cyn ymddangos. Ac a dweud y gwir mae'n anodd rhoi mwy o gyngor, gan fod y pentref yn labrinth pur. Fy ffefryn o hyd, ar ôl yr holl flynyddoedd, yw'r dyn wnaeth ofyn imi, wrth imi gyrraedd yr heol wedi cerdded lan y llwybr serth o'r traeth, 'Fan hyn mae'r orsaf drenau?' Llwyddais i beidio â chwerthin yn uchel, ac esbonio bod y trenau'n rhedeg yn ddiogel ryw 2km i ffwrdd, ac y byddai'n rhaid iddo droi rownd.

A beth mae pobl yn gwneud, ar ôl straffaglu ar hyd y lonydd at y tŷ haf? Ymlacio. Mynd i'r traeth os yn bosib. Y plant yn ymdrochi a'r oedolion yn eu gwylio. Ciniawa ganol dydd, pryd hirfaith sy'n mynd ymlaen o ryw ddau o'r gloch tan bump. Siesta. Mynd am dro. Mynd i eistedd mewn bar, neu tu fas iddo os yn bosib. Byrbryd bach i bawb tua hanner nos cyn mynd i'r gwely. Ymlacio pur. A siarad! Ailgyfarfod â chyfeillion y blynyddoedd cynt a gwneud rhai newydd.

Roedd 2017 yn flwyddyn record: dros 2,300,000 o ymwelwyr mewn rhanbarth sy'n gartref i lai na miliwn. Ac fe ddaeth dros draean ohonyn nhw, dros filiwn a hanner, yn ystod deufis poethaf yr haf. Does dim ffigyrau eto am 2020, ond o'r hyn welais i, bydd y record hwnnw wedi cwympo, am fod pobl

Sbaen, fel y Cymry, wedi mynd ar wyliau o fewn ffiniau'r wlad oherwydd y pandemig. Mae problemau'r diwydiant yn amlwg: sut mae cadw i fynd dros weddill y flwyddyn, yn enwedig yn adeg y coronafirws?

Nid o'r canoldir y daw pob ymwelydd: mae llawer iawn yn dod o Wlad y Basg (mae Astwrias lot rhatach), a miloedd mwy o Astwrias ei hun, yn teithio dim ond awr i gyrraedd eu dewis le.

Pan oedd y diwydiant glo yn Astwrias yn ei anterth yn y 1960au roedd yn cyflogi 60,000 o bobl. Roedd ugeiniau o byllau, rhai yn eiddo i'r cawr o gwmni gwladol Hunosa, eraill yn lofeydd bach unigol, yn llenwi'r cymoedd mawr yng nghanol y dalaith a'r ardal glo caled yn y gorllewin. Ac roedden nhw'n talu'n dda: oherwydd y gwaharddiad byd-eang ar fasnach gyda Sbaen o dan Franco, roedd y glowyr wedi llwyddo i hawlio ac i ennill amodau gwaith gwell a thâl teilwng. Nhw, wedi'r cwbl, oedd yn cynhyrchu unig danwydd cynhenid yr wlad cyn dyfodiad y paneli solar. Nhw sbardunodd Chwyldro Astwrias ym 1934, a byddaf yn dychwelyd at hwnnw ym mis Hydref, mis y gwrthryfel.

O gwmpas y pyllau roedd economi cyfan wedi tyfu, pawb yn ennill bywoliaeth yn uniongyrchol neu'n anuniongyrchol o'r aur du dan ddaear. Roedden nhw'n gallu fforddio gwyliau am y tro cyntaf yn eu bywydau. Byddai rhai yn mynd dros y mynyddoedd i León, lle mae'r haf bob tro yn boeth ac yn sych; dywedid bod y glowyr yn mynd yno i sychu mas, ond rhaid cymryd bod hyn yn cyfeirio at eu hysgyfaint yn hytrach na'u boliau. Cafodd llawer un flas ar win León y dyddiau hynny.

Byddai miloedd mwy yn heidio o'u pentrefi llychlyd, yn dianc o'r cymoedd cul a thywyll ac yn anelu tua'r gogledd, tua'r môr. Ac roedd y rhan fwyaf ohonynt, bryd hynny fel heddiw, yn dewis yr Oriente, yr arfordir dwyreiniol.

Roedd trenau arbennig yn cario'r torfeydd i Ribadesella a Llanes; doedd gan neb gar ac roedd stad gwarthus ar y ffyrdd. Mewn pebyll a charafanau ar feysydd ffarm ar hyd yr arfordir cawsant ryddid – yn enwedig y plant. El Paraíso, paradwys, oedd eu henw nhw ar yr ardal. Mae'n fy atgoffa fi o gerdd Gwenallt i sir Gaerfyrddin 'a'th wair a'th wenith fel perthnasau hen'.

Erbyn hyn mae plant ac wyrion y gwersyllwyr hynny yn aml yn rhentu tŷ – os nad ydynt eisoes yn berchen ar fwthyn. Wrth i nifer y tai gynyddu, mae nifer y bobl sy'n byw yma'n llawn amser wedi disgyn yn aruthrol, ac ma'r gwahaniaeth rhwng haf a gaeaf yn gallu bod yn syfrdanol.

Nid pobl yn unig sy'n ymddangos ym mis Gorffennaf. Dyma'r tymor gorau i weld rhai o'r pryfed mwyaf ysblennydd: y pryfyn tân (glow worm yn hytrach na firefly), a'r chwilen gorniog. Bydd pawb yn dweud eu bod nhw wedi mynd yn brin, ac mae'n wir, ond mae'r ddau yma o hyd.

Fel arfer fyddwn ni ddim ond yn gweld pryfed tân (Lampyris noctiluca) benywaidd, achos nhw sydd â'r golau cryfaf, y disgleirdeb annisgwyl sy'n denu'r gwryw. Wrth fynd adref o'r bar, yn yr hen waliau cerrig sy'n codi ofn ar yrwyr trefol, bydd golau arall yn ymddangos, yn felynwyn fel arfer ond weithiau bron yn wyrddlas. Ac os na ddaw ei chariad yma heno, bydd hi yno yfory, a thrennydd a thradwy, nes iddi gael ei chyfle – ei hunig gyfle – i genhedlu. Y llynedd roedd un ar ochr teils y teras, ychydig yn uwch na'r lawnt. Roedd hi yno am wythnosau, a sdim syniad gyda ni a ddaeth cymar ati: un noson doedd dim golau, roedd hi wedi mynd i ddodwy neu wedi marw.

Mae'r gwyddonwyr yn cyfri pryf tân yn nheulu'r chwilod; bydd yn byw fel larfa am ryw ddwy flynedd, ac yn ystod y tymor hwn mae'n gwenwyno, ac yn bwyta, mwydod! Anifail anwes newydd i'r garddwyr yn bendant.

Ar deras y bar y gwelais y chwilen gorniog am y tro cyntaf, yn hedfan yn chwil hefyd. Lucanus cervus yw ei enw gwyddonol, ciervo volante (carw sy'n hedfan) yn Sbaeneg, a bacalloria yn Astwreg. Mae'r gwryw yn edrych yn ffyrnig, gyda'r cyrn enfawr a wnaeth i bobl roi enwau'n ymwneud â cheirw arno. Mewn gwirionedd, genau'r chwilen yw rhain, er y bydd yn eu defnyddio wrth ymladd gyda gwrywod eraill.

Mae larfa rhain yn fawr, fel yr oedolyn, ac yn byw yn aml mewn coed sydd wedi dechrau pydru. Gwelsom ni lawer ohonynt pan fu rhaid torri lawr un o'r coed cnau Ffrengig oedd yn gwyro dros yr heol. Maen nhw'n edrych yn debyg i gorgimychiaid! Tua'r un faint hefyd. Y diwrnod hwnnw, i'r pant ar waelod y lawnt aeth y pren pwdr, a'r gatas, enw lleol ar y larfa, gydag ef.

Wrth ddarllen amdanyn nhw cefais eu bod yn byw fel larfa am chwe blynedd – cyn cael ychydig wythnosau prin o fywyd aeddfed.

Yn yr ardd a'r lluarth, mae Gorffennaf yn haws na Mehefin oherwydd fod planhigion yn tyfu, yn blodeuo, ac eisoes wedi datblygu gwreiddiau digon cryf. Mae angen cadw golwg barcud ar y tomatos, sydd yn bendant iawn am faint o ddŵr a faint o wres maen nhw'n hoffi. Bydd angen agor y tai plastig i'r lled mwyaf posib drwy gydol y dydd neu wylio'r tomatos yn gwywo – dros dro yn unig, dydyn nhw ddim yn marw. Hefyd mae'n rhaid torri nôl ar y llystyfiant: ta-ta i bob deilen sy'n ymddangos yng nghesail cangen aeddfed, ac yn nes ymlaen ta-ta i hanner y dail aeddfed hefyd, fel bod y planhigion yn canolbwyntio ar eu ffrwyth. A bydd rhaid dwrhau bron bob dydd, boed yn y tai neu yn y cae.

Gallwn fod yn weddol siŵr o gael sychder a haul ym mis Gorffennaf. Mae hynny, hyd yn oed yn yr Astwrias wlyb, yn golygu dwrhau. Ers y dechrau, buom yn ceisio peidio defnyddio dŵr tap ar y planhigion lle nad oedd rhaid. Yn lle hynny, rydym yn casglu dŵr y glaw o do'r garej ac o un rhan o'r hen dŷ.

Mae dŵr y garej yn mynd i danc enfawr mil litr, ac o'r fan honno mewn pibellau i danc arall ar ben y bryncyn, lle'r oedd y lluarth i ddechrau. O'r tanc uchaf bydd yn disgyn yn raddol mewn pibellau cul llawn tyllau bach sy'n chwysu'r dŵr i'r ardd o dan y pridd. Mae gyda ni amserydd ar dap y tanc fel bod yr ardd uchaf yn cael dŵr am hanner awr neu awr bob dydd. Heb inni orfod cario'r un bwced!

I danc llai 300 litr yr aiff dŵr cefn y tŷ, a'r tro yma mae rhaid ei gario mewn caniau i'r planhigion sydd mewn potiau, neu'r blodau yn yr ardd greigiog ar bwys y teras, lle bydd y pridd yn sychu'n gyflym iawn.

Ond wedyn dyma'r cae, y lluarth newydd. Yma mae gyda ni ddau danc mil litr, rhai oedd yn cael eu defnyddio unwaith i ddal olew coginio. Mae busnes fan hyn yn eu glanhau a'u gwerthu i ffermwyr a garddwyr. Yn aml fe welwch chi dractor yn tynnu treiler ag un o'r rhain yn llawn dŵr i'r gwartheg mewn cae anghysbell.

Bob hyn a hyn, ac yn enwedig yn ystod y gwanwyn, bydd dŵr y garej yn cael ei drosglwyddo mewn pibell yr holl ffordd i ben arall y cae. Yma mae'r ddau danc, mewn man o dan y wal. Clai yw'r isbridd yn y cae, sy'n golygu bod planhigion parhaol fel y cwrens duon a'r merllys, sydd wedi danfon gwreiddiau i lawr o dan yr haenen uchaf, yn cael digon o ddŵr y gwanwyn yno i allu goroesi mis heb law yn yr haf. Mae'r llysiau sy'n weddol aeddfed erbyn ganol haf, fel y tatws, hefyd yn iawn. Y newydd-hadedig a'r tomatos, sydd â llawer o dyfiant a gwreiddiau bach, sydd yn gofyn diod bob dydd. Felly mae rhagolygon storm yn codi'n calonnau ni mewn ffordd, gyda'r addewid o lenwi'r tanciau unwaith eto.

Byddwn ni hefyd yn lledaenu cymaint o dail a chompost ag y gallwn o gwmpas y rhesi o lysiau, er mwyn cael deunydd organig (planhigion sydd wedi eu prosesu, naill ai drwy stumogau gwartheg y cymydog neu'n tomen gompost ni, i fod yn ddeunydd tywyll unffurf – a ddim yn drewi!). Mae hwn yn dal dŵr yn well nag y mae uwchbridd agored y cae.

Mis Gorffennaf hefyd yw pan fydd gwir angen y strwythur a godwyd i'r ffa yn dod yn amlwg. Cansenni bambŵ tua 2m o uchder wedi eu clymu yn y top, cans eraill ar eu llorwedd tua 1m o'r llawr. A bob 3m o'r rhes, pyst mawr trwchus sydd yn mynd lawr 50cm i'r pridd. Un flwyddyn aethom ni i ffwrdd am dridiau a dod yn ôl i weld y cynhaeaf ffa i gyd yn gorwedd ar y pridd ar ôl storm o wynt.

Llwybr tawel ymhell o'r dorf

Mae rhai mathau o ffa yn tyfu'n isel. Corachod oedd yr hen enw arnyn nhw. Ymhlith y rhain mae'r verdinas, y 'pethau bach glas' yn llythrennol, rhywbeth yn debyg i flageolets Ffrainc. Y ffa sy'n cael eu bwyta, nid y codau cyfan. Maen nhw'n dal yn las golau hyd yn oed ar ôl eu sychu, ac yn boblogaidd iawn gyda physgod a bwyd môr.

Arbrofi wnaethom ni gyda'r ffa lleol: ar wahân i'r verdinas, sy'n dal ar y rhestr, cafwyd lle i'r ffa coch (neb yn rhy hoff o'r blas) a'r ffa bach duon – iawn, ond gan eu bod nhw ar werth yn y farchnad drwy'r flwyddyn am tua €2 y cilo, dim llawer o bwynt eu tyfu nhw.

Fabes yw enw'r un mae pawb yn tyfu. Ffa mawr gwyn ar gyfer sychu. Mae'r coesau hir yn cynnal dail mawr niferus yn ogystal â'r codau, ac felly'n pwyso tunnell. Y traddodiad yw eu gadael nhw yno nes bod y tywydd yn newid, i'r ffa gael sychu yn yr awyr agored. Pan fydd rhaid dod â nhw i rywle mwy cysgodol a chyfleus, maen nhw'n cael eu hongian wyneb i waered ar y corredor (balconi), tu allan i'r hórreo (math o stordy ar bileri), neu yn ein hachos ni ar wal y garej sy'n edrych tua'r gogledd ac yng nghysgod y bargod.

Mae'r cymdogion yn ofalus iawn, pan fydd unrhyw gynnyrch yn sychu, na fydd yn llygad yr haul nac yn gorwedd ar feini, rhag mynd yn rhy boeth.

Cyn dyfodiad trydan i'r pentrefi – hynny yw, y 1970au – roedd sychu ffa, ac india-corn i'w falu at wneud blawd, yn rhan angenrheidiol o baratoi at y gaeaf. Doedd y farchnad fwyd ddim wedi datblygu, a'r bobl yn ddibynnol ar yr hyn y gallen nhw ei gynhyrchu gartref neu ei brynu yn y trefi cyfagos. Mae ein cymdogion yn dal i sôn am stordy o ffa, neu wynwns, neu chorizo, fel trysor. Ac er nad oes rhaid i bobl ddilyn yr hen batrwm o feddwl am y gaeaf yng nghanol yr haf, mae llawer yn dal i sychu ffa ac i gasglu cnau.

Y ffasiwn yn ddiweddar, ers bod tai'r pentrefi wedi bod yn berchen ar rewgelloedd, yw eu cadw dan rew. A dyna beth mae nifer o gogyddion enwog yn ei awgrymu, gan ddweud ei fod yn cadw crwyn y ffa yn fwy meddal. Ond mae toriadau eithaf cyson ar y cyflenwad trydan yma, felly mae'n well gen i sychu'r rhan fwyaf.

Bydd pobl Astwrias yn bwyta fabes mewn sawl plât, ond yr un enwog, bwyd cenedlaethol Astwrias, yw'r fabada.

Fabes, darnau o gig mochyn fel y clustiau, darn o fraster

mochyn, pwdin gwaed a chorizo – un o'r rhai sy'n cael eu cynhyrchu i'w coginio. Enw'r set o fraster, chorizo a pwdin gwaed yw compango, ac mae ar werth fel set mewn archfarchnadoedd a delis. Bydd y cwbl yn cael ei goginio mewn sosban fawr o ddŵr ar y tân.

Mae gan bob teulu – a phob bwyty – ei rysáit arbennig; rhai yn ychwanegu wynwnsen, eraill yn rhoi llwyeidi o pimentón, y powdwr coch sy'n dod o falu pupurod sydd wedi eu sychu. (Mae hwn yn gallu bod yn felys neu yn boeth – byddwch yn ofalus!) Y peth pwysig yw coginio'r ffa yn weddol araf, gyda dim ond ychydig o fwrlwm ar wyneb y dŵr. A bob hyn a hyn, arllwys tipyn bach o ddŵr oer ar eu pennau 'i hala ofn arnyn nhw', chwedl y cymdogion. Fel hyn, fyddan nhw ddim yn torri, a bydd y ffordd mae'r saim a'r cig a'r ffa yn ymdoddi i'w gilydd yn gwneud gwead yr holl blât yn feddal fel carthen i'r geg.

Mae gan bob cenedl yn Ewrop, dybiwn i, fersiwn o'r cawl porc a ffa, a dyma un Astwrias. Bwyd i bobl sydd yn gwneud gwaith corfforol, a phlât sy'n adnabyddus drwy Sbaen. Beth sy'n destun syndod i mi yw cymaint o ymwelwyr sy'n gyrru lan i bentrefi mynyddig er mwyn cael cinio canol dydd ac yn llwyddo i orffen bowlen fawr o fabada heb gerdded mwy na chanllath!

Ac mae gyda fi rysáit fach arall i'r ffa, sydd efallai'n fwy derbyniol yng nghanol gwres Gorffennaf. Mae hon yn seiliedig ar y salad Eidalaidd tonno e fagioli, tiwna a ffa. Ond brechdan yw e.

Bydd angen: darn o diwna wedi ei grilo – maen nhw mor fawr fel arfer bydd peth ar ôl pan fyddwn ni'n ei fwyta i ginio. Neu wrth gwrs, tun 200g tiwna mewn olew olewydd. 100g ffa mawr gwyn wedi'u sychu neu 200g o dun, wynwnsen fach goch neu hanner un fwy, olew olewydd, sudd lemwn, halen, pimentón (llwch pupur wedi'i sychu) poeth.

Torri'r wynwnsen yn fân a'i dodi mewn dŵr oer am awr.

Berwi'r ffa gyda llwyaid fach o beicarb. Y tric er mwyn cael ffa meddal cyfan yw peidio â'u gadael i ferwi'n rhy wyllt, ond gan ein bod yn mynd i weithio piwrî heddiw, sdim eisiau becso.

Golchi'r ffa mewn dŵr oer, a'u stwnsio. Rhidyllu'r wynwnsen a'i hychwanegu. Ychwanegu 2 lwyaid bord o olew, cymysgu'n dda, a blasu. Un llwyaid te o sudd lemwn, a blasu. Hanner llwyaid te o pimentón, a blasu. (Os nag wyt ti'n hoff o flasau poeth, gelli ddefnyddio pupur du cyffredin neu pimentón melys.)

Tynnu'r tiwna o'r tun a'u stwnsio gyda fforc.

Torri tafell o fara, lledu'r piwrî ffa ac yna'r tiwna, tafell arall a dyna ni. Fel arfer byddwn yn ei fwyta gyda salad bach o domatos persli a chennin sifis, ond fe allet ti hefyd ddodi rheina i gyd yn y brechdan.

Yn y cae, mae'r ffa mewn rhesi tua 12m o hyd o'r de i'r gogledd; y tu hwnt iddyn nhw, ac yn nes ar y tanciau dŵr, mae'r tomatos. Mae'r rhain hefyd mewn rhesi de-gogledd, er mwyn cael heulwen ar y ddwy ochr yn ystod y dydd.

Yn fras, rydym yn tyfu pedwar dosbarth o domato: y rhai bach melys, nad ydynt yn y cae o gwbl achos maen nhw'n gwneud yn iawn ar ben y bryncyn; rhai mawr blasus o Dde Ewrop sydd o fewn y tŷ gwydr; rhai siâp gellygen neu eirinen ar gyfer saws; a dau fath sydd yn gwrthsefyll y malltod, y llwydo.

Mae'r malltod yn broblem fawr ac yn rhannol gyfrifol am beth sy'n cael ei dyfu a sut mae'n cael ei drin. Mae'n debyg taw ffwng yw e, sy'n dechrau drwy droi'r dail yn ddu ac yna'r coesau a'r ffrwyth ei hun pan ddaw. Y tywydd twym a llaith yw ei dymor; mae'n gallu bod cyn gynted â mis Mai, ac weithiau'n ymddangos eto ym mis Medi. Un flwyddyn roeddem yn disgwyl cynhaeaf da, y ffrwyth yn cochi'n bert – nes inni fynd draw i'r cae un bore a gweld y cwbl yn ddu. Roedd y malltod wedi distrywio'r cyfan mewn noswaith.

Ar wahân i'r rhai bach melys: mae ganddyn nhw'r gallu i wrthsefyll y malltod, o leiaf i ryw raddau. Dyna pam y cawsant eu dewis gan Brifysgol Bangor ar gyfer arbrofion i geisio bridio mathau newydd o domato y gellir eu tyfu yn yr awyr agored lle mae hinsawdd llaith. Mae'r cwmnïau hadau wrth gwrs wrthi'n chwilio am yr un peth, a'r ddau sydd wedi bod yn dda i ni dros bum mlynedd bellach yw Mountain Magic a Crimson Crush.

Dydyn nhw ddim yn fawr iawn, ond llawer mwy na maint y 'cherry'. A gan eu bod yn bethau newydd ac yn F1 hybrids maent yn ddrud ac os gadwch chi'r had ar gyfer y flwyddyn nesaf does dim sicrwydd beth gewch chi: fyddan nhw ddim yn dod yn driw.

Mae planhigion tomatos yn hapus iawn yn tyfu ar y llawr, ond mae hynny'n rhoi pryd o fwyd yn rhad ac am ddim i bob malwen ddaw heibio. Mae eu codi nhw a'u clymu i'r strwythur yn helpu'r awyr i fynd drwyddynt, sy'n lleihau'r lleithder. Ar ôl i'r ffrwythau ffurfio byddwn ni hefyd yn dechrau torri nôl ar y dail a'r brigau bach newydd.

Mae llawer o'r cymdogion yn chwistrellu tomatos – a thatws – gyda swlffat copor, sydd yn organig ond yn dal yn gemegyn y mae'n well gyda ni beidio â'i ddefnyddio. Wedi llawer o ddarllen a siarad â phobl eraill sy'n tyfu tomatos yn yr ardal, dyma'r rysáit cyfrinachol:

I bob 5 litr o ddŵr, rhowch 50g o sodiwm bicarb a 500mg o aspirin. Ie, aspirin. Mae'n swnio fel chwedloniaeth, ond dyma'r gwyddoniaeth y tu ôl iddo: mae aspirin yn gopi o asid salisylig, sy'n dod o goed helyg. Diben hwnnw yw atgyfnerthu gallu'r person i wrthsefyll annwyd neu beth bynnag. Ac mae'n hynod o debyg i'r hormon fydd yn cael ei ryddhau gan domatos pan ddaw ffwng neu salwch. Felly os rhowch chi aspirin i'ch planhigion yn gynnar, bydd yr 'effaith gwrthsefyll' yno cyn i'r drwg gyrraedd eich lluarth, ac yn gallu helpu'r tomato i ymladd yn erbyn y malltod. Efallai mai dim ond arafu'r broses wneith e, ond mae hefyd yn bosib na welwch chi symtomau o gwbl.

A beth am y bicarb? Newid gwerth pH y pridd yw amcan hwn. Mae'n tir ni ar y garreg galch rywfaint yn alcalin, ond byddai'r bicarb o ddefnydd petai'n asidig hefyd, oherwydd pH hollol niwtral sydd ei angen ar y ffwng er mwyn cenhedlu. Fydd y bicarb, sy'n cryfhau'r alcalinedd, ddim yn ei ladd ond yn ei atal rhag gwasgaru i blanhigion eraill. Bydd dŵr a finegr yn cael yr un math o effaith drwy ychwanegu at asidedd yr amgylchedd.

Ac ar ben hyn, byddwn yn arllwys ychydig o sebon golchi llestri i'r gymysgedd; byddwn yn dwrhau planhigion, y dail i gyd, ac mae angen rhywbeth i helpu'r cemegau i lynu atyn nhw.

Organig? Ydy.

Fel dywedais i, sdim gymaint â hynny o waith yn y lluarth ym mis Gorffennaf. Digon o amser gyda'r nos i fynd i gyfarfod ffrindiau a rhannu seidr a chlonc.

Am flynyddoedd, byddem ni'n cerdded hanner awr i'r bar ym mhen y traeth, ar y clogwyn olaf cyn bod aber yr afon fach yn agor i wneud lle i'r llanw a'r tywod. Roedd yn lle hudol; 'y bar ar bendraw'r bydysawd' os bu un erioed. Bu nosweithiau o eistedd ar hen gadeiriau ar y teras simsan, yn dadlau am bopeth dan y lleuad, rhywun efallai yn canu, a gitâr, neu ambell waith pibgorn. Un o'r grŵp efallai wedi bod yn ymdrochi, a hithau'n awr y llanw yn y bae tawel tywyll, ac wedi dringo tuag atom ni'n wlyb ac yn gwynto o'r môr. A'r golau'n graddol ddiflannu tua'r gogledd-orllewin nes bod y lleuad ei hun, a Fenws yn aml, ac yna'r sêr yn eu miloedd, yn ymddangos uwch ein pennau.

Yma y dysgais i siarad Sbaeneg o ddifri, a dechrau ar yr Astwreg. Yma y cawsom ni gyfeillion sydd wedi ffurfio ein teulu ar wasgar, cyfeillion fydd yn rhan annatod o'n bywydau. Hyd yn oed yng nghanol y pandemig buom yn negeseua ac yn cynnal sgyrsiau Zoom.

Mae'r llecyn amser paradwysaidd bach hwn wedi diflannu nawr: mae'r perchennog wedi penderfynu rhedeg ei fusnes fel bwyty haf yn lle bar. Rydym ni fel cylch wrth gwrs wedi darganfod safleoedd eraill i'n nosweithiau, ond mae hiraeth ar ei ôl.

Awst

Mis Awst yw mis y dathlu.

Yn ystod mis y gwyliau haf traddodiadol o'r gwaith mewn pwll neu swyddfa, mae hefyd wyliau llawer hŷn sy'n perthyn i gyfnod amaeth ymgynhaliol. Mae popeth yn gymysg erbyn heddiw, felly dechreuwn yn y dechrau.

A'r dechrau i'n cylch ni yw barbeciw tiwna. Dyma dymor y pysgodyn mawr oddi ar arfordir Astwrias, a bydd teuluoedd neu gymdogion yn eu prynu'n eiddgar. Os ewch chi i adran bysgod archfarchnad yma, y peth cyntaf y byddwch chi'n sylweddoli yw ei fod yn debyg i siop bysgod draddodiadol. Mae'r pysgod gan amlaf yn gyfan, ac yn cael eu paratoi yn ôl dymuniad y cwsmer. Ond mae cymaint o fynd ar y tiwna, y bonito, bydd peth wedi ei dorri'n barod. Hefyd, wrth gwrs, byddai tiwna cyfan yn rhy fawr hyd yn oed i deulu niferus. Yr haf cyntaf hwnnw, rwy'n cofio sefyll fy nhro, a phan ofynnodd y dyn o 'mlaen am diwna doeddwn i'n synnu dim achos roedd y sleisiau tew yn edrych yn hyfryd. Ac yn meddwl, o, fydda i ddim yn hir nawr.

Ond na. Tiwna cyfan oedd ei eisiau. Daeth y boi ag un o'r cefn. Roedd hwn yn rhy fach. Un arall. Rhy fach eto. Roedd angen dau i gario'r trydydd. Iawn, meddai'r dyn, nawr wnewch chi ei dorri'n stêcs trwchus. A bu'n rhaid imi aros deng munud arall i'r gwaith hwnnw gael ei gwblhau.

Bydd ein barbeciw tiwna ni, y bonitada, yn cael ei gynnal mewn bar, neu yn hytrach yng ngardd y bar. Y bar sy'n darparu'r lle, y meinciau a'r byrddau (dan gynfas os yn wlyb), a'r caban bach i'w droi'n gegin, ac yn gwerthu'r seidr a diodydd eraill inni. Ni sy'n dod â'r pysgod, y bara, y planchas (gredyll) a'r cogyddion. Weithiau mae cymaint â 90 o bobl yn mynychu un o'n bonitadas, pobl o'r pentrefi, pobl o gymoedd y glo a dinasoedd Astwrias, hyd yn oed teuluoedd o Madrid neu o Dde

Dianc rhag y gwres yn Llyn Ercina

Sbaen sydd wedi hen arfer bwrw'r haf yn ffresni a lleithder Astwrias.

Bydd yr hanner awr – neu'r awr – gyntaf felly yn un henffych ar ôl y llall. Yn gyntaf, bob amser, bydd un o'n cyfeillion pennaf, Chema, yn nesáu, â'i wên a'i het, potel o seidr yn un llaw, y gwydr yn barod yn y llall i arllwys culín iti, ac eto rywsut yn gallu dy gymryd o fewn ei freichiau i'th gusanu ar y ddwy foch. Draw wrth y gredyll bydd dau neu dri o'r bois (beth yw e am goginio yn yr awyr agored sy'n denu dynion?) yn ysgeintio'r plancha ag olew. Wrthi'n trefnu a gosod y byrddau bydd y merched, eto'n draddodiadol iawn, yn gwneud yn siŵr fod popeth yn lân ac yn daclus. Llieini papur, cyllyll plastig (er fy mod yn ceisio darbwyllo pobl i brynu rhai pren), rholion o bapur cegin fel servietas, ond gwydrau o wydr, bob tro. A phob yn ail un yn tynnu lluniau i gofnodi'r noson.

Ac yn y bonitada arbennig hwn, ar ddechrau Awst, bydd pawb yn aros i glywed miwsig y pibgorn, y gaita, yn dod o gyfeiriad y traeth. Daw'r pibgornydd o ben arall Astwrias, ond bydd Julio wastad yno i ddechrau wythnos y ffiestas, yn ein diddanu â phob math o gerddoriaeth o'r tonau traddodiadol i'r Beatles.

Tair cenhedlaeth sy'n ymgynnull erbyn hyn i'r bonitadas: mae rhai o blant ein cyfeillion wedi dechrau ffurfio eu teuluoedd eu hunain. Bydd y rhai lleiaf hyn yn cael eu lle wrth y byrddau mawr, a maldod mawr hefyd, ond yr ieuenctid eraill, oedran coleg, fel arfer yn hawlio bord ar wahân at eu pethau nhw. Mae dal disgwyl iddyn nhw fynd o gwmpas yn arllwys seidr yn ôl y traddodiad.

Y botel ar ei lorwedd ac o flaen llygaid yr arllwyswr, y gwydr yn isel ac ar letraws. Byddan nhw'n tywallt ychydig, cymaint â gwydr bach o win (125ml), i bob un sydd â syched. Culín yw enw'r glasaid; ac wedi llyncu'r seidr mewn un llynciad, rhaid rhoi'r gwydr yn ôl i'r arllwysydd iddo dywallt un i'r person nesaf.

Bydd hi wedi nosi erbyn y byddwn ni wedi eistedd i gyd, tua deg o'r gloch. Fel hyn rwyf i wedi dod i adnabod llawer un, pobl sy'n dod bob haf i'n hardal ni ond nid i'r un un pentref. Y rhai sydd wedi goroesi'r diwydiant glo ac yn awr yn byw mewn cymoedd sydd wedi colli gobaith. Y rhai sydd wedi dod yma i ddianc rhag gwres y De. A hefyd pobl sy'n byw yno, yn manteisio ar y cyfle i ehangu cylch cymdeithasol.

Mae'n rhaid coginio'r tiwna yn ofalus: yn gyntaf ei lanhau a'i dorri'n ddarnau 3-5cm o drwch. Olew ar y gradell, a chael y tymheredd yn iawn. Wedyn ei ffrio'n gyflym am amser byr, er mwyn iddo beidio â sychu gormod.

Yn gyntaf, bydd hambyrddau o fara wedi ei dostio ar y gradell yn cael eu dosbarthu i bob ford. Fy arfer i yw gwneud cyffaith tomato a tsili i fynd gyda'r pryd, ond yn aml mae llawer ohono wedi diflannu cyn cyrraedd y pysgod. 2 cilo o'r saws yn cael ei fwyta mewn un noson! Y Cymry wedi ychwanegu rhywbeth bach i draddodiad y cylch cyfeillion.

Wedyn y tiwna, ac yn olaf, y ventresca, hynny yw, bola'r pysgodyn. Mae hwn yn ddarn tyner a blasus, felly rhaid cofio y bydd e'n dod ar ddiwedd y pryd, a gadael lle iddo.

Dychmygwch yr olygfa. Byrddau pren a meinciau yn yr awyr agored. Wedi troi hanner nos. Pawb wedi cael digon o fwyd ac o seidr. Cymdogion bwrdd yn adnabod ei gilydd ers blynyddoedd neu ers dwyawr. Beth nesaf?

Canu!

Mae hi rywbeth yn debyg i aduniad gwersyllwyr Llangrannog neu Lan-llyn. Fel arfer dim ond un gitâr, ond sawl un am chwarae. Y caneuon yn amrywio o hen donau gwerin a chaneuon y môr i ffefrynnau'r haf sydd ohoni, ond gyda digon hefyd o'r caneuon nonsens. Ac yn ddigon aml bydd cystadlu rhwng dwy ford, yn canu caneuon gwahanol, i weld pwy fydd yn goresgyn a chael y cwmni cyfan i ganu gyda nhw.

Tua 6 blynedd yn ôl cafwyd cwyn gan berchennog bar arall yn y pentref ein bod yn dal i ganu am 3 o'r gloch y bore. Ond gan ein bod ni yn Sbaen, fe ffeindiwyd ffordd fiwrocrataidd o gario ymlaen.

Rydym ni wedi ffurfio cymdeithas, yn gofrestredig gyda'r cyngor lleol, a'i hamcanion yw gastronomía (bwyta) a cultura (diwylliant). Nawr dim ond rhoi gwybod pan fydd cyfarfod (barbeciw) a byddwn ni'n cael canu tra bod lleisiau ar ôl gyda ni.

Ar ôl y bonitada, rhaid dechrau paratoi at Piragües. Mae hon yn ŵyl 'o bwysigrwydd cenedlaethol' yn ôl biwrocratiaeth arall,

Cynhwysion y deisen frown

honno sy'n trefnu'r diwydiant twristiaeth. Ar Sadwrn cyntaf Awst bydd cannoedd o filoedd o bobl o bob rhan o'r byd yn ymgynnull mewn dwy dref fach yn Astwrias i wylio ras ceufadau.

Mae'r ras lawr y Sella yn dechrau yn Arriondas ac yn gorffen wrth bont Ribadesella, 20km i lawr yr afon, lle mae'r aber yn mynd yn lletach cyn cwrdd â'r môr. Bydd tua mil o gystadleuwyr, yr hynaf dros eu 70.

Yn Arriondas bydd y cychod i gyd ar lan yr afon, a'r dorf yn canu wrth aros i weld y dechrau. Rhedeg wedyn, pob un am ei gwch ac i'r dŵr.

Ond roeddwn yn sôn am y paratoadau. Mae'n cylch ni o gyfeillion yn mynd bob blwyddyn i gae ar lan yr afon, ychydig cyn y llinell orffen. Yno byddwn yn codi hen babell fawr, ein 'jaima' ni: wedi ei enwi ar ôl pabell Muammar Gaddafi, am ryw reswm. Y dydd Iau cyn y ras, bydd hanner dwsin o'r bois yn mynd â'r jaima i'r cae, a dewis lle iddi. Fel arfer bydd rhaid lladd tipyn ar y gwair, felly bydd y pladur yn mynd gyda nhw, yn ogystal â phâl i dorri grisiau lawr i'r afon. Codi'r babell at ei hanner a bant â nhw i far cyfagos i gael cinio.

Bydd pawb arall wrthi'n paratoi bwyd. Tortillas tato, tortillas â wynwns, neu fadarch, neu selsig, neu sardîns. Ein cyfraniad ni yw'r saws tomato a tsili (eto) a'm teisen foron i. Ddydd Sadwrn bydd plant ac ambell i oedolyn yn sleifio lan ataf i yn ystod y bore jyst i wneud yn siŵr fy mod i wedi dod â'r deisen eleni. Fel y traddodiadau gorau i gyd, daeth y deisen foron i fodolaeth am fod gyda ni ormodedd – y tro yma o foron, yn y cae un haf. Dyma'r tro cyntaf inni fynd i lan yr afon yn rhan o'r grŵp, a doeddwn i ddim yn teimlo'n ddigon hyderus i wneud tortilla i gystadlu gyda'r holl dortillas eraill.

Cacen amdani. Daeth y rysáit wreiddiol o dŷ bwyta yng Ngogledd Iwerddon a chafodd ei chyhoeddi ar wefan y BBC, ond rwyf i wedi ei newid dros y blynyddoedd. Dyma hi.

Bydd angen:
tun cacen 23cm
250g menyn heb halen
375g siwgr caster
croen 2 oren wedi ei grafu a sudd 1 ohonynt
4 wy
450g moron wedi eu crafu'n fân
150g cnau Ffrengig neu almonau wedi eu torri'n ddarnau bach
250g can (blawd)
2 lwy ford bicarb
1 llwy ford sbeis cymysg
1 llwy de halen

Twymo'r ffwrn hyd at 180°.
Dodi papur ffwrn yn y tun cacen.

Chwipio'r menyn, y siwgr a'r croen oren nes eu bod yn olau.

Ychwanegu'r wyau, wedi'u chwipio, fesul un.

Troi'r moron a'r cnau i'r cymysgedd.

Cymysgwch y can, y sbeis, y bicarb a'r halen gyda'i gilydd, a'u hychwanegu.

Dodi'r cwbl yn y tun a'i bobi am ryw 50 munud.

Y tro cyntaf hwnnw, rhois i'r cymysgedd mewn tun mawr crwn i'w bobi. Ar derfyn yr amser penodedig roedd yn edrych yn berffaith; ugain munud wedyn roedd y canol wedi suddo i'w hanner. Panig! Cymerais i wydr seidr a, rhywsut, llwyddo i dorri'r darn gwael allan heb niweidio'r gweddill. Teisen gylch, unwaith eto'n addas i'w rhoi ar fwrdd. Penderfynais i ddodi'r eisin y noson gynt a chadw'r gacen yn yr oergell. Yn y bore, cafodd hi fag oer iddi'i hunan. Ond ar ôl chwe awr, roedd yr eisin wedi toddi, ac wedi dechrau llithro lawr yr ochrau. Ddwedodd neb ddim byd, ond fe ddefnyddiwyd lot fawr o bapur i sychu dwylo. Am sbel bûm yn ceisio gwneud eisin fyddai'n cadw'n gryf, ond yn y diwedd rhois i lan a nawr mae'r deisen yn cael ei chyflwyno heb eisin – a phawb yn dweud bod yn well ganddyn nhw hi fel hyn. Wel, bron pawb. Mae wastad un, on'd oes?

Ar y diwrnod, pawb i fod yno'n brydlon. Ychydig sy'n llwyddo mewn gwirionedd, dim ond digon i godi'r babell i'w llawn uchder, gosod y byrddau yn eu lle a dechrau agor seidr. Dylwn i ddweud reit ar y dechrau bod pob pâr yn dod â dwsin, h.y. crêt o seidr. A does byth digon. Yr arfer yw tynnu'r corcyn hanner ffordd fel ei fod yn hawdd ei dynnu mas â llaw pan ddaw'r amser, a'r poteli yn eu crêts yn sefyll mewn baddonau o ddŵr yr afon gyda rhew ynddo.

Awr wedyn o bobl yn cyrraedd, mynd rownd yn rhoi cusan i bawb, dadbaco blychau oer, a derbyn culín cyntaf y diwrnod. Erbyn y prynhawn gallwn ni fod yn drigain, y grŵp mwyaf ar ddôl El Alisal. Bydd rhai wedi mynd i Arriondas yn gyntaf, i weld y ras yn dechrau, ac wedyn gyrru lawr y lonydd cefn tuag atom ni. Mae'r heolydd mwy o dan gyfyngiadau tebyg i Steddfod Llanrwst, er mwyn ceisio osgoi tagfeydd neu waeth.

Dechreuodd Disgyniad y Sella nôl ym 1930, a thyfu'n gyflym o fod yn ras leol i un ar gyfer Sbaen gyfan. Ni chynhaliwyd y ras rhwng 1936-43, oherwydd Rhyfel Sbaen a dechrau unbennaeth Franco. Ac o'r 1950au ymlaen, mae ceufadwyr o wledydd pell wedi cymryd rhan hefyd; rhaid dweud nad ydym ni wedi gweld yr un o Gymru – eto!

Yn y blynyddoedd cynnar, roedd yr enillwyr yn cymryd rhyw ddwyawr i deithio'r 20km rhwng Arriondas a phont Ribadesella; erbyn hyn mae ychydig funudau dros awr yn ddigonol. Saif y record yn 1 awr 1 munud a 14 eiliad. Mae sawl rheswm dros hyn, dybiwn i. Mae chwaraewyr yn gyffredinol yn gryfach ac yn gwneud mwy o ymarfer; mae'r ceufadau'n well, ac mae'r awdurdodau'n gwneud yn siŵr bod digon o ddŵr yn yr afon drwy ryddhau dŵr o gronfeydd yn y mynyddoedd. Maen nhw hefyd, os bydd y ras yn cyd-ddigwydd â'r trai, yn caniatáu cludo cychod, lle mae cystadleuwyr yn gallu dewis camu allan o'r canŵ a'i gario fe mewn man a elwir La Boticaria, yn rhan isaf yr aber, lle mae ynysig fwdlyd yn gallu creu rhwystr pan fydd y môr ar drai. Mae o leiaf un ras wedi ei hennill oherwydd penderfyniad cywir yn y fan honno pan oedd dau geufad yn agos iawn.

Boed glaw mawr neu hindda, mae'r raswyr yn gadael Arriondas am 1 o'r gloch, ac erbyn hynny byddwn ni i gyd wedi dechrau ar y ddefod o gael ein bedyddio gan aelod hyna'r grŵp, sy'n llenwi gwydr seidr â dŵr y Sella a'i arllwys dros ben pob un. Culín wedyn rhag ofn dy fod wedi llyncu peth ohono, a nofiad cyntaf y dydd i rai ohonom ni. Pawb yn ôl i'r glannau er mwyn cymeradwyo'r ceufadwyr – pob un – wrth iddynt chwipio heibio. Ac mae beth sy'n digwydd nesaf yn rhywbeth arbennig iawn. Maen nhw i gyd yn gorfod dod yn ôl heibio'n gwersyllfa ni er mwyn cyrraedd y babell enfawr lle bydd y gwobrwyo a'r cinio. Felly dyma ni, yn yr afon, yn cynnig glaseidi o seidr iddyn nhw. Rhyw 100ml sydd mewn culín, a balch iawn ydyn nhw o'i flasu. Yr Astwriaid i gyd yn stopio i dderbyn llyncad, a'r Basgwyr, ac ambell Ffrancwr, Gwyddel, Sais neu gystadleuydd o Dde'r Affrig. Ni sydd yng ngofal y rhai nad ydynt yn siarad Sbaeneg. Bydd y gŵr wastad yn gwisgo crys y Ddraig Goch, ac mae wedi cael estronwyr sydd yno am y tro cyntaf yn dweud bod rhywun o'u cydnabod wedi'u cynghori nhw i chwilio am y Cymro. Fy nhasg i yw mynd â photeli llawn at yr arllwyswyr, a chasglu'r gweigion i'w dychwelyd. Bydd diferion olaf pob culín, a diferion ola'r botel, yn mynd i'r afon fel rhodd. Pwy a ŵyr beth wneith y pysgod ohono.

Tra'n bod ni yn y dŵr, weithiau hyd at ein pennau gliniau a flynyddoedd eraill at ein hysgwyddau oherwydd y llanw, bydd y lleill wedi agor y blychau oergell a llenwi'r byrddau a phob math o ddanteithion:

Tortillas: y clasuron, gyda thatws ac efallai wynwns; rhai gyda madarch, darnau o chorizo neu benfras, hyd yn oed sardîns – yr un olaf yna ddim yn ffefryn. Platiau o jamon, yr ham sydd wedi ei drin yn yr awyr neu yn y simnai i'w gadw, wedi ei dorri'n fân fel papur. Platiau o gaws o bob math. Empanadas: pasteiod o gig neu diwna. Coca: pizza o Mallorca sy'n llawn llysiau. Tomatos bach a'r ffigys cyntaf. A bara. Amhosib cael pryd yn Sbaen heb fara.

Y clebran yn distewi. Ambell i 'mae'n rhaid iti flasu hwn' neu 'pwy wnaeth hwn'. Ond mae'r arllwyswyr seidr (sy'n hunan-ddewisedig) yn dal i fynd o gwmpas yn cynnig culín. Ar ôl tipyn, bydd rhywun yn gofyn a yw'n amser teisen.

Nid fi yw'r unig un sy'n gwneud teisen: efallai bydd un lemwn, neu un â chnau neu siocled. Bydd eraill wedi mynd i siop a phrynu danteithion yno. Ond rhaid dweud bod gweld pobl yn cymryd darn o'r deisen foron mor gynted ag y gallaf ei thorri, yn rhoi teimlad balch iawn. A dyna'r peth pwysicaf, efallai, am holl ddathlu Awst: rydym ni ymysg cyfeillion, yn cael ein derbyn fel rhan o'r gymdeithas, gyda'n holl fân wahaniaethau – sydd, mewn gwirionedd, yn wir am bob un os edrychwch yn fwy manwl.

Ac yna, canu'r hen ganeuon – a dawnsio, i ganeuon pop o gar rhywun neu'i gilydd. Wrth iddi nosi, wrth i'r haul ddiflannu'n ddisymwth tu ôl i'r bryn tu cefn inni, bydd amser am un ymdrochiad bach arall.

Ac adre i ymlacio, neu i baratoi ar gyfer y ffiesta nesaf.

Ffiestas mawr y pentref yw'r nesaf, ac mae'r rhain yn cael eu dathlu ar yr un dyddiad bob blwyddyn, tra bod y ras ceufadau yn gorfod bod ar ddydd Sadwrn.

Y 7fed o Awst yw dechrau'r ŵyl, Gŵyl San Mamés. Ie, mae eglwys y pentref yn rhannu nawddsant gyda stadiwm pêl-droed Athletic Bilbao. Am wythnos cyn hynny, un pwnc trafod fydd yn y bar gyda'r nos: a fydd angen codi'r carpa, y cynfas, dros iard yr hen ysgol lle bydd y dawnsio gyda'r nos. Hyd yn oed ym mis Awst, mae storom yn gallu parhau am oriau a gwlychu'r gweithgareddau. Bydd bar hir wedi ei godi ar un ochr i'r iard, a llwyfan pren yn y pen draw i'r bandiau. Bydd y ceffylau sydd wedi cael wythnos yn pori'r cae gyferbyn yn cael eu troi tuag adref, a chae arall wedi agor ar gyfer parcio ceir. Ac os bydd angen codi'r cynfas, ryw ddeuddydd wedyn bydd roced yn ffrwydro uwchben yr eglwys a'r dynion yn gadael eu siesta i fynd i helpu.

Am un o'r gloch, bydd offeren, a gorymdaith fach, dim byd tebyg i un San Anton ym mis Ionawr, ac yna pawb yn mynd i gael eu cinio, neu i'r traeth, tan yn hwyr.

Ond pwy oedd Mamés? Mae nifer o chwedlau am ei ferthyrdod, ond maen nhw'n cytuno ei fod yn enedigol o Cesarea, gwlad sydd erbyn heddiw yn rhan o Dwrci. Fe'i ganwyd rywbryd yn y 3edd ganrif, mewn cell lle roedd ei rieni wedi eu carcharu am fod yn Gristnogion, a'i ferthyru'n ifanc, o bosib wedi ei fwyta gan lewod y syrcas. Rywsut daeth yn wrthrych cwlt yn Ffrainc, a phan ddaeth pererinion ar hyd Llwybr Santiago fe dyfodd ei gwlt yn Sbaen hefyd. Mae eglwys yn Zaragoza yn honni bod ganddi benglog sydd yn perthyn iddo, a chredir ei fod yn cynnig cymorth arbennig i fenywod sy'n rhoi sugn ac i bobl sydd wedi torri esgyrn. Cyfuniad rhyfedd.

Mae darnau helaeth o'r eglwys sy'n dwyn ei enw yn ein pentref ni yn dyddio o'r 16eg ganrif a'r 17eg, pan oedd pererinion yn cysgu yno ar eu taith. O'r cyfnod hwnnw hefyd mae'r ffynnon o'i blaen.

Faint o'r cymdogion sy'n gwybod y manylion hyn sy'n gwestiwn arall. Ond yn bendant mae cael gŵyl ym mis Awst yn golygu y bydd mwy yn y dathlu, ac mae hyn i gyd yn dod ag arian i fewn ar gyfer y ffiesta nesaf!

Er taw gŵyl y nawddsant sy'n dod gyntaf, daw Gŵyl Fawr Awst ddeuddydd yn ddiweddarach ar y 9fed. Nid gŵyl grefyddol yw hi chwaith, ond olion hen ffair gaws a da byw, fyddai'n parhau am bythefnos a mwy yn y dyddiau cyn dyfodiad y lori.

Mae'r ffair gaws wedi adfywio, a bydd 40 neu 50 o stondinau caws, bara, ham a chorizo, losin, byrbrydau bach fel empanadas, a hyd yn oed cwrw lleol a gwirodydd ffrwythau. Tua 6 o'r gloch, a'r heol drwy ran uchaf y pentref wedi ei chau, bydd pobl o bell ac agos yn dechrau cyrraedd. Mae cae gyferbyn â'r bar lle mae hawl ers cyn cof i gynnal yr ŵyl, ac yma bydd teuluoedd a grwpiau o gyfeillion o bob oed yn dechrau hawlio llecyn a gosod byrddau a chadeiriau, tanciau i gadw'r seidr yn oer a bagiau mawr i'r gwastraff.

Wedi sawl rhuthr i brynu bwyd ac i gyfarch pobl, i gymharu prisiau caws Gamonéu ac i brofi'r caws sydd wedi dod o daleithiau eraill, bydd pawb yn eistedd ar gadair neu ar laswellt, yn cael llond eu bol o fwyd wedi'i brynu neu wedi'i baratoi gan un o'r cwmni.

Chi'n gwybod beth sy'n dod nesaf erbyn hyn: y canu. Hyfryd o beth yw clywed y to nesaf yn bloeddio caneuon gwerin Astwrias. Bydd ambell un wedi dod â llusern gwersylla, fel bod y canu'n parhau tan fydd y seidr wedi dod i ben.

Rhaid clirio popeth bach o'r safle: fan hyn bydd yr (ychydig) anifeiliaid o fewn ychydig oriau. Gyda lwc byddwn ni wedi cael caniatâd i barcio wrth y bar, a phawb yn gallu gadael pethau yn y fan. A bant â ni i'r llawr dawnsio tan yr oriau mân... tan 4 efallai.

Gan fod y ffair gaws, yn ôl biwrocratiaeth Sbaen, yn 'ŵyl o ddiddordeb cenedlaethol', mae'r cyngor lleol i fod i ddanfon gwŷr â biniau drannoeth yr ŵyl i glirio'r stryd. Un flwyddyn yng nghanol y cyni wedi'r crash yn 2008, ni ddaeth neb. Felly dyna lle buom ni bentrefwyr, gyda menig rwber a bagiau o gartref, yn casglu cannoedd o boteli, olion gwydrau plastig ac (ychyfi) hancesi papur wedi eu taflu lle'r roedd pobl yn defnyddio'r llwybr fel tŷ bach.

Syndod i mi oedd faint o boteli gwirodydd oedd yno: yr ieuenctid wedi penderfynu bod hynny'n rhatach na phrynu wrth y bar. Ond dim ond unwaith, hyd yn hyn, y bu'n rhaid gwneud hynny. Bu sgwrs eithaf caled rhwng maeres y pentref a'r cyngor, ac o ganlyniad mae'r dynion brws a'r lori wedi troi lan bob blwyddyn ers hynny. Dylwn i ddweud bod y biniau ailgylchu mawr hefyd yn gorlifo, nid pawb o bell ffordd oedd wedi taflu sbwriel.

Yn y pentrefi, nid yw'r lori sbwriel yn dod i bob tŷ. Mae biniau mawr ar gyfer gwastraff na ellir ei ailgylchu wrth ochr pob grŵp o dai, a biniau ailgylchu yng nghanol y pentref, gyferbyn â'r bar. O dipyn i beth mae'r hen arfer o losgi popeth oedd yn wastraff (gan gynnwys plastig!) yn diflannu.

Nôl â ni i'r cae canolog, a'r ffair anifeiliaid.

Mae cymdogion wedi adrodd yr hanesion droeon, sut y byddai'r stocwyr yn cerdded cilometrau gyda'r gwartheg a'r ceffylau i ffair y pentref. Roedden nhw'n dechrau cyrraedd wythnos o flaen yr ŵyl, i'r anifeiliaid gael amser i ddod dros y daith. Byddai pobl yn rhentu porfa iddyn nhw, a lle i godi gwersyll. Deuai'r sipsiwn hefyd; nhw oedd yn prynu ceffylau. A'r merched fyddai'n cynnal cegin a lle bwyta o flaen eu carafán neu'u pabell. Roedd tri bar yn y pentref bryd hynny, i gyd yn gwneud busnes da adeg y ffair.

Mae'r posteri'n dal i gyhoeddi 'un o ffeiriau traddodiadol hynaf Astwrias', ond mewn gwirionedd dwy afr a chwpwl o geffylau fydd yno. Mae'r rhod wedi troi, a'r anifeiliaid yn mynd i'r ffeiriau sy'n weddill mewn lorïau. Os ydych chi am weld ffair da byw wledig, y lle i fynd yw Corao, ddiwedd mis Mai neu ddechrau Medi. Mae'r pentref hwnnw, yn agos i Cangas de Onis ac ar gyrion mynyddoedd y Picos de Europa, wedi gweithio'n galed i hybu'r ffair, lle bydd cymaint â 3000 o wartheg (a rhai anifeiliaid eraill) yn cael eu gwerthu i brynwyr sy'n dod o bob ran o Ogledd Sbaen. Ac wrth gwrs, gan bod marchnad, a phrynwyr, a thwristiaid, mae perchnogion y stondinau caws a ham yn tyrru yno hefyd.

Does dim stondinau ar ôl ar gyfer yr anifeiliaid ar ddygwyl

San Lorenzo yn ein pentref ni. Ond gyda'r hwyr bydd band arall yn chwarae, a'r bar ar agor, tan yr oriau mân, a ninnau'n ffarwelio â'r ffiestas... tan yr hydref!

Gyda lwc, bydd gan San Lorenzo un sioe arall inni. Dyma'r adeg o'r flwyddyn pan fydd sêr gwib y Perseids, dagrau San Lorenzo yn Sbaeneg, yn disgyn uwch ein pennau, fel arfer rhwng 2 a 4 y bore. Amser delfrydol i'r sawl sydd newydd gyrraedd adre o'r ddawns. Ac os bydd hi'n glir, ac yn sych, y ffordd orau i'w gweld fydd drwy orwedd ar eich cefn ar y teras yn wynebu'r de.

Ganol nos, digon hawdd teimlo ein bod ar ein pen ein hunain, yn bell o'r ymwelwyr. Gyda'r dydd, y ffordd orau i gael ysbaid o dawelwch yng nghanol mis Awst yw drwy gerdded i lawr llwybr yr afon, nid ar frys ond gydag amser i edrych ar batrymau chwarae y dail a'r dŵr a goleuni'r haul. A mwy o amser fyth i wylio gweision y neidr. Gwres Awst yw eu cynefin nhw, ac mae o leiaf 3 math yn byw ar lannau'r afon. Rhai gwyrddlas, rhai gwyrdd a rhai coch – a chroeso mawr i unrhyw un fyddai'n gallu fy helpu i wybod pa rai ydyn nhw. Mae eistedd yn llonydd yn eu gwylio nhw'n gwibio rhwng pyllau o heulwen a chysgod y dail yn tawelu'r meddwl.

Medi

Medi yw mis y – wel, y medi.

Diwedd tymor y gwyliau. Ar y 1af o Fedi mae pob Sbaenwr i fod yn ôl yn ei g/waith. Dros nos mae'r pentref wedi ei wacáu, a pherchnogion y tai gwyliau yn symud celfi a golchi llieini a lloriau. Pob lein ddillad yn llawn dillad gwely. Daw sŵn cefn gwlad yn ôl; tractorau, cŵn, clychau'r gwartheg, y brain.

Dydyn ni ddim yn medi yn yr ystyr dechnegol oherwydd fyddwn ni ddim yn tyfu gwenith nac unrhyw rawn arall. Mae nifer o'r cymdogion yn tyfu india-corn, naill ai i'r anifeiliaid neu i'w falu'n flawd. Dyw'r ardal ddim yn dir gwenith, y caeau'n rhy fach a'r glaw yn dod yn rhy aml. Ond mae rhai yn arbrofi gydag escanda, math o wenith hynafol sy'n goddef ein tywydd ni.

Mae hwn yn rhoi blawd sydd ag ychydig iawn o glwten – ac yn cynhyrchu torth flasus. Ond mae'n anodd ei gynaeafu'n fecanyddol; mae'r tywys yn hir ac yn llaes: roedd yr offer traddodiadol yn gafael ynddynt a'u chwipio i fewn i fasged. Byddai rhaid mynd o gwmpas y cae eilwaith i ladd y coesau â phladur. Does dim o'r bobl ar ôl i wneud hynny ragor. Spelt yw'r enw Saesneg arno, a hyd yn hyn nid wyf wedi canfod enw Cymraeg, sydd efallai'n awgrymu nad oedd e ddim yn cael ei dyfu ryw lawer yng Nghymru.

Ac os nad ydym ni'n medi, yn sicr ddigon yr ydym yn cynaeafu! Mae'n gyfnod tomatos a ffigys, piwsod a phupurod, ffrwythau'r ddaear yn f'atgoffa o ormodedd Les Nourritures Terrestres André Gide. Heb sôn am y ffa.

Erbyn mis Medi bydd planhigion y fabes, y ffa mawr gwyn, yn 2m a mwy o uchder ar eu polion, a'r cod yn hir a phothell pob ffeuen i'w gweld yn amlwg wrth i'r glesni ddechrau cilio. Y traddodiad yw eu gadael nhw yn y cae nes eu bod nhw wedi gwywo, fel arfer ganol mis Hydref.

Y tomatos felly fydd yn mynnu pob sylw ym mis Medi. Bob dydd byddaf yn cyrraedd y gegin gyda chilo neu ddwy o'r

Y *Cynhaeaf Coch*

ffrwyth, bach a mawr. Mae gen i 3 ffordd o gadw tomatos, heb anghofio ein bod ni'n bwyta llawer yn hyfryd ffres ac yn ddyddiol.

Mae gen i sychwr bach trydan ddaeth yn rhodd gan gyfeillion, a byddaf yn rhoi'r tomatos bach 'ceirios', wedi eu haneru, yn hwnnw dros nos a'u cadw wedyn mewn jariau. Dyw e ddim yn bosib sychu dim yn yr awyr agored yma yn Astwrias achos mae'r aer bob amser yn llaith, hyd yn oed os nad yw'n bwrw glaw ar y pryd.

Mae llawer yn mynd at weithio cyffaith (neu 'catwad') tomatos a tsili. A dyma sut:

> *500g tomatos aeddfed*
> *4 pupur tsili coch*
> *darn o sinsir maint bys bawd*
> *4 garllegyn*
> *300g siwgr caster euraidd*

100ml finegr gwin coch neu finegr seidr)
a'r unig beth a allai fod yn anodd ei gael – 30ml nam pla
– saws bysgod Tai

Bydd hwn yn darparu tua 70cl o gyffaith. Y peth cyntaf i'w wneud yw cael y jarrau'n barod, yn lân ac yn dwym. Torri'r pupurod, garlleg a sinsir yn fân. Wedyn torri hanner y tomatos yn ddarnau bach 1-2cm. Dodi'r hanner arall, gyda'r garlleg, pupurod, sinsir a nam pla mewn hylifydd a'u gwneud yn stwnsh. Eu harllwys nhw i sosban fawr gyda'r siwgr a'r finegr, a'u gwresogi nhw'n araf hyd at bwynt berwi. Tynnu'r gorferw â llwy. Ychwanegu gweddill y tomatos. Cadw'r cymysgedd ar bwynt berwi am o leiaf hanner awr. Arllwys i'r jarrau. Fe gadwith am fisoedd yn yr oergell.

Y rhewgell fydd ceidwad gweddill y tomatos, ond mae angen eu prosesu gyntaf. Y ffordd hawsaf yw golchi'r ffrwyth, gwaredu unrhyw ddarnau sydd â nam arnynt, a dodi'r cwbl yn y peiriant stwnsio. Fel hyn byddant yn berffaith ar gyfer platiau stiw o bob math. Mae gen i hefyd beiriant llaw, peiriant passata o'r Eidal, sy'n cadw'r crwyn a'r hadau ar wahân i'r hylif. Ar ôl 'paso' y tomatos i gyd, rhaid rhoi'r gwastraff yn ôl drwy'r peiriant, eildro a thrydydd, fel bod sudd trwchus llyfn gyda chi: mae'r crwyn a'r hadau, wrth eu gwasgu, yn rhyddhau blas cryf. Dyma beth sydd ei angen ar gyfer cawl tomato, neu sorbe – mae sorbe tomato, gydag ychydig o fodca a'r trimins os ydych chi am gael sorbe Mari Waedlyd, yn beth blasus iawn.

Mae tomatos fan hyn yn tueddu i fod â lot o sudd dyfriog, felly byddaf hefyd yn rhosto llawer ohonyn nhw, gyda'r ffwrn yn isel ac ychydig o olew olewydd a dail perlysiau, ac efallai peth garlleg wedi ei dorri'n fân, am amser hir. Wedyn gellir eu rhewi neu eu rhoi mewn jariau cadw. Maen nhw'n dda fel maen nhw, yn dwym neu yn oer/llugoer mewn salad, neu mae'n bosib eu stwnsio nhw. Yr unig broblem yw'r darnau caled o gwmpas lle bu'r brigyn: rhaid eu torri, naill ai cyn rhosto neu ar ôl.

Gair o rybudd am y tomatos: dydyn nhw ddim yn gwbl saff yn y cae, hyd yn oed ym mis Medi. Mae math arall o falltod yn cyrraedd weithiau o gyfeiriad y môr ac yn troi'r planhigion i gyd yn ddu dros nos. Dychmygwch, chi'n codi yn y bore ac yn croesi'r cae, basged ar eich braich. O'r gât, chi'n gallu gweld bod rhywbeth o'i le; does dim smotiau cochion yn disgleirio fel gemau i'ch denu chi. Erbyn cyrraedd y rhesi tomatos, byddwch chi yn eich dagrau. Dyw'r malltod hydrefol ddim yn dod bob blwyddyn, diolch i'r drefn, ac felly dydyn ni ddim yn gwybod hyd yn hyn a fydd y moddion sy'n cael ei roi i'r planhigion ym mis Mehefin a Gorffennaf yn eu diogelu rhagddo.

A dim ond ym mis Medi fyddwn ni'n gwybod pa fathau newydd o domatos sydd wedi gwneud yn dda. Oherwydd yr un yw'r patrwm gyda'r tomatos ag sydd gyda phob llysieuyn arall: dechrau drwy dyfu rhai mae cymydog wedi eu rhoi inni neu eu hawgrymu, penderfynu y gellid cael rhai gwell a phrynu hadau, dysgu sut i'w trin a'u diogelu yn ystod y tymor tyfu, tyfu digon i rewgell cyfan a hanner y pentref, profi math newydd a phenderfynu rhoi siawns i hwnnw.

Fydd llawer ohonynt ddim ond yn parhau ar y rhestr am flwyddyn, ond bydd eraill, fel y Mar Azul, yn dod yn ffefrynnau.

Mis Medi hefyd oedd mis ein hymweliad cyntaf ag Astwrias yn 2001. Roeddem ni yno pan ffrwydrwyd y Ddau Dŵr yn Efrog Newydd, gan agor pennod newydd yn hanes y byd. Roedd hyn cyn dyddiau'r awyrdeithiau rhad i feysydd taleithiol Ewrop. Doedd dim modd hedfan yn uniongyrchol o wledydd Prydain i Astwrias, felly buom yn chwilio'r ffordd rhataf, a chwmni Sabena, drwy Brwsel, oedd hi! Hyd yn oed wedyn, nid i faes awyr Astwrias byddem ni'n mynd, ond i Bilbao, 250km i'r dwyrain yng Ngwlad y Basg.

Mynd yno i gerdded y mynyddoedd wnaethom ni, ar ôl darllen rhyfaint am y Picos de Europa. Y noson gyntaf honno, mewn casa rural (gwesty bach gwledig) ym mhentref Peruyes, dechreuodd hi fwrw glaw. Roedd gwraig y tŷ wedi cynnig diod inni cyn inni fynd allan i chwilio am ginio, a ninnau'n gofyn am seidr. Amhosib, meddai, oherwydd y glaw.

Roedd fy ychydig eiriau o Sbaeneg wedi fy methu. Doeddwn i ddim yn deall o gwbl sut roedd glaw yn gallu effeithio ar beth oedd rhywun yn cael ei yfed. Y rheswm, fel y daethom i ddeall wedyn, oedd yr arfer o arllwys seidr gan godi'r botel yn uchel. Roedd llawr yr ystafell yn garped i gyd a'r teras yn byllau o law.

Gwir ystyr geiriau gwraig y tŷ, felly, oedd 'dim colli seidr ar y carped'!

Mae Peruyes yn cuddio uwchben plwyf Margolles yn nyffryn afon Sella, rhwng Arriondas a Ribadesella. Roedd yn lle da i ddechrau ar ein taith i'r mynyddoedd, rhwng gwastatir yr arfordir a'r llethrau sy'n codi'n sydyn i'r de. Ac fe wnaethom ni sawl taith gerdded yn ystod y dyddiau cyntaf y buom ni'n crwydro; bryd hynny roedd hi'n dal yn bosib gyrru lan i Lynnoedd Covadonga ym mis Medi er mwyn dechrau un o'r teithiau diwrnod hir i Vega de Ario neu'r Mirador de Ordiales. Erbyn heddiw mae ceir preifat wedi eu gwahardd o fis Mehefin tan ddiwedd mis Medi.

Dyma'r tro cyntaf inni weld tirwedd y Picos: y dolydd bach, cyn uched â chopa'r Wyddfa ac o dan gylch o gopaon creigiog serth; y pellteroedd gwyllt; y gwartheg yn pori mewn llefydd oedd yn edrych ym amhosib eu cyrraedd.

Ond yn fuan iawn daeth y niwl a'r glaw. Doedd dim rhagor i'w weld, ac ar ben hynny doeddem ni ddim yn gyfarwydd â'r lle. Dyma benderfynu troi tua'r gogledd a mynd i fforio ar hyd arfordir yr Iwerydd, Môr Cantabria. A'r lle amlwg i aros oedd Ribadesella, Ribeseya yn Astwreg, y dref fach ar aber afon Sella, llai nag awr o'r mynyddoedd. Rhyw bedair mil sy'n byw yno'n barhaol, tua'r un faint ag yn nhref Conwy. Ail wythnos mis Medi oedd hi, ac roedd cloriau ffenestri'r dref wedi'u cau bron yn gyfangwbl. Bryd hynny, roedd tymor yr haf yn gorffen yn brydlon fel diffodd golau stryd.

Cawsom ni ystafell enfawr mewn gwesty yn edrych dros y

bae am €30 y nos. Buom yn chwilio'n drwyadl a heb ddod i hyd i fwy nag un bwyty, un pizzeria, ac un bar tapas, oedd yn cynnig cinio gyda'r nos. Y wers gyntaf: mae Sbaenwyr yn bwyta cinio ganol dydd, a swper gyda'r hwyr, oni bai bod dathliad arbennig.

Cawsom ni ddiwrnodiau hyfryd yn gyrru a cherdded ar hyd yr arfordir, sydd mor debyg i Sir Benfro. Y traethau bychain, nifer helaeth heb heol yn mynd atynt, fel bod rhaid eu cyrraedd ar gerdded. Y caeau bach, y welydd cerrig, y cloddiau wedi mynd yn goed.

A rywbryd yn ystod y picio nôl ac ymlaen rhwng mynydd a môr, fe gododd y cwestiwn: beth am brynu tŷ fan hyn?

Erbyn heddiw mae mis Medi wedi dod yn rhan bwysig o dymor yr ymwelwyr. Mae'r teuluoedd Sbaenaidd yn dal i fynd tua thref ddiwedd Awst, ond y bobl ifainc, a'r tramorwyr o bob oedran, wedi deall bod y tywydd da yn parhau yma, a dŵr y môr yn hyfryd o dwym i nofio ynddo. Ac mae ceidwaid y bariau wedi deall bod modd ymestyn eu tymor hwythau, ac felly cyfnod gwaith eu cogyddion a'u gweinyddion.

Man a man imi roi tipyn bach o hanes Ribeseya fan hyn: dyma 'la villa' (prif dref) y cyngor o'r un enw. Fan hyn mae'r banc, a'r awdurdodau cynllunio, a dewis helaeth o fwytai. Rhyw 6,000 o bobl sy'n byw yn ardal y cyngor. Ydy, mae'r rhif yn gywir. Yr hen drefi – a rhai ohonyn nhw erbyn hyn yn bentrefi – sy'n dal i reoli yn ardaloedd gwledig Astwrias. Mae bron i hanner poblogaeth y dalaith yn byw yn y ddwy ddinas fawr, Uviéu (Oviedo) a Xixón (Gijón). Ond mae nifer o gynghorau ym mynyddoedd y Picos de Europa lle does dim mwy na 600 o bobl, ac yn y gorllewin llai fyth – hyd at 150.

Mae pobl wedi byw – neu wedi defnyddio ogofâu – yn Ribeseya ers miloedd o flynyddoedd. Mae eu celfyddyd i'w gweld yn ogof Tito Bustillo, lle mae lluniau ceffylau, ceirw a gwartheg yn llenwi nid un ogof ond cadwyn ohonyn nhw. Mae un (tu hwnt i gyrraedd ymwelwyr) yn llawn lluniau fwlfâu. Ai merched oedd yr artistiaid? Does neb yn gwybod.

Yn y 13eg ganrif y sefydlwyd y dref yn ffurfiol gan frenin Castilla, a chwe chan mlynedd wedyn bu'n cystadlu â Xixón i fod yn brif borthladd y dalaith.

Yma y ganwyd Agustín Argüelles, un o gynllunwyr cyfansoddiad 'modern' Sbaen yn 1812, gŵr a aned o deulu tlawd ond a aeth ymlaen i fod yn bwysig fel Rhyddfrydwr yn ystod y rhyfela rhwng y democratiaid (i raddau) a dilynwyr y Brenin.

Gan mlynedd yn ôl roedd y dref yn dal yn borthladd pwysig, yn awr mae'r tir a godwyd o'r aber i adeiladu rhan isa'r dref yn cael ei fygwth gan y codiad yn lefel y môr; mae'n diflannu o dan lifogydd ar dywydd mwya'r gaeaf. Mae sawl astudiaeth wedi ei wneud ar ddyfodol trefi glan môr yr arfordir wrth i lefel y môr ddringo'n uwch fyth; go brin y bydd y rhan hon yn gallu cael ei hamddiffyn yn hir iawn rhag y tonnau a'r afon.

Twristiaeth yw prif ffynhonnell incwm y trigolion, ac estyn y tymor ymwelwyr yw un o'u prif amcanion. Yn wahanol iawn i'r ymweliad cyntaf hwnnw, mae nifer y llefydd bwyta ac yfed nid yn unig wedi tyfu fwyfwy, ond ychydig sy'n cau cyn trydydd wythnos Medi, a llawer yn aros ar agor drwy'r hydref.

Aros mae'r mynyddoedd, wrth gwrs, a nôl yn 2001 dyna oedd y prif reswm dros ddod i Astwrias, felly ymlaen â ni i ddilyn un o'r teithiau cerdded yr oeddem wedi'u gweld mewn llyfr, drwy gerdded i'r Mirador de Ordiales ar ochr orllewinol rhan orllewinol y Picos.

Mae hon yn daith diwrnod cyfan, ond mae wir yn werth ei gwneud. Taith unffordd ac yn ôl yw hi, does dim modd gwneud cylchdaith mewn diwrnod. Er ei bod yn hir, dyw hi ddim yn anodd, 'cymedrol' efallai fyddai'r disgrifiad gorau.

Mae'r daith yn dechrau o Lyn Enol, sy'n golygu nawr bod rhaid mynd mewn bws yn yr haf. Ceisiwch ofyn i'r gyrrwr eich gadael chi yn y troad 'Refugio Vega de Enol', neu bydd hanner awr arall o gerdded bob pen i'r daith, o'r maes parcio ac yn ôl.

Mae'r troad uwchben Llyn Enol, y cyntaf o'r llynnoedd, a'r llwybr yn mynd â chi i fewn i Vega (Porfa/Dôl) Enol. Ar ôl pasio refugio (caban aros) ar y dde, a nifer o gabanau bugeiliaid, byddwch yn disgyn i'r chwith i le o'r enw Pandecarmen – yn y gwanwyn neu'r hydref gallwch barcio fan hyn, sy'n lleihau'r cerdded rywfaint.

Mae'r daith yn un o glasuron y Picos, y llwybr yn mynd â chi drwy ardaloedd o wyrddlesni trawiadol lle mae digon o ddŵr i gynnal y llystyfiant a'r da byw. Megis mwclis maen nhw, a'r cortyn rhyngddyn nhw yn llwybr creigiog dros y bryncynnau sy'n eu gwahanu nhw, lan a lawr, weithiau'n gofyn dwylo yn ogystal â thraed, ond dim byd anodd.

Mae cofiannau'r gorffennol ar hyd y daith. Yn fuan ar ôl gadael Pandecarmen byddwch yn gweld Pozo el Aleman, Pwll yr Almaenwr. Mae hwn yn ôl y dweud yn llawn dŵr croyw hyd yn oed ar ddiwedd yr haf. Daw'r enw oddi wrth ddyn o'r Almaen (er gwaetha'i enw, Roberto Frassinelli) oedd yn gysylltiedig â cheisio agor y mynyddoedd hyn i bobl o'r tu allan. Roedd yn ysgolhaig a adawodd yr Almaen oherwydd ei farn wleidyddol, ac yn crwydro Sbaen ganol y 19eg ganrif yn chwilio am lyfrau gwerthfawr i lyfrgelloedd y crachach. Priododd ferch o bentref Corao, nepell o Covadonga, ac ymgolli yn y Picos. Byddai'n mynd am wythnosau ar ei ben ei hunan, yn cysgu ar lwyni merywen, yn saethu anifeiliaid i'w ginio ac yn yfed dŵr. Dywedir hefyd iddo fwynhau ymdrochi'n noethlymun yn yr eira. Ac ie, ym Mhwll yr Almaenwr hefyd.

Rwy'n ei ddychmygu fel y dyn yn llun Caspar David Friedrich, 'Crwydryn uwchben Môr o Niwl'. Môr o gymylau, mar de nubes, yw enw'r ffenomenon fan hyn, ac mae'n digwydd yn aml yn y Picos pan fydd gwrthdroad tymheredd, pan fydd niwl a chymylau'r nos yn cael eu dal i lawr gan dirwedd y cymoedd cul, a'r tymheredd ar yr ucheldir yn codi.

Rhamantydd oedd Frassinelli, ond gwyddoniaeth a astudiodd yn y brifysgol yn Frankfurt, mewn cyfnod pan oedd diddordeb yn y mynyddoedd yn ehangu. Rhaid ei fod e wedi cael ei ddylanwadu gan y nwyd am 'goncro'r' Alpau oedd ar fwrlwm drwy ganol y ganrif ymysg dosbarth uchel ei wlad enedigol, ond ni lwyddodd i gael clwb dringo na chabanau yn y Picos. Methiant hefyd fu ei ymdrech i ddylunio eglwys newydd i Covadonga, ar heol y llynnoedd, lle mae'r palas pinc sydd yno erbyn hyn yn denu cannoedd o filoedd o 'dwristiaid crefydd' bob blwyddyn ac wedi cael lle ym mytholeg cenedl y Sbaenwyr.

Ond yn Corao yr arhosodd weddill ei fywyd: mae wedi ei gladdu yn eglwys Abamia, sy'n werth ei gweld hyd yn oed heb fynd i mewn oherwydd y cerfiadau rownd y drws.

Ym mhen draw ein llwybr bydd bedd arall yn aros amdanom, ond mae digon o gerdded cyn hynny.

Ar ôl pasio Pwll yr Almaenwr, byddwn yn croesi hen bont dros y nant ac yn dringo llwybr creigiog sy'n dechrau o dan y coed ac yn gorffen yn yr awyr agored. Cerddwn ymlaen am ryw gilometr cyn cyrraedd Vega la Piedra, sy'n hawdd ei hadnabod oherwydd y graig enfawr yn ei chanol. Yma mae nifer o gabanau bach, porfa, ffynnon, a choed cyll mewn man agored o dan y copaon llwyd. Anodd meddwl ein bod ni nawr 1,120m uwchlaw'r môr – ychydig uwch na chopa'r Wyddfa.

Ymhen ryw ddwyawr, byddwn ni'n dod i ben darn creigiog ac yn gweld adeilad Refugio Vegarredonda danom ni ac i'r dde. Mae'r llwybr yn mynd yn syth heibio, ond mae'n lle da iawn i gymryd hoe, llenwi poteli dŵr a phrynu brechdan (ar gau Rhagfyr-Chwefror).

Unwaith, wrth gyrraedd y caban roedd gennym neges frys – i rywun. Wrth groesi Vega la Piedra roeddem ni wedi gweld buwch wedi cael anaf, yn edrych fel petai wedi cwympo a thorri coes. Roedd yr anifeiliaid eraill o'i chwmpas i'w diogelu, fel na allem ni nesáu i geisio darllen y rhif ar ei chlust. Fe wnaeth y warden gwpl o alwadau, ac wrth inni fynd i lawr fe welsom ddau fugail yn dod y ffordd arall gyda gwn.

Mae'r llyfrau'n awgrymu bod pum awr a deugain munud yn ddigon i gyrraedd y Mirador ac yn ôl, ond rhaid cofio nad yw hynny'n cynnwys amser yfed dŵr, bwyta brechdan, tynnu lluniau, ceisio adnabod blodau, neu yn syml edrych o'n cwmpas ar dirwedd mor fawr a dieithr.

Beth bynnag, unwaith yn Vegarredonda rydym ni wedi cyflawni hanner y daith. Ac wedi gwneud y rhan fwyaf o'r dringo. Ymlaen â ni gan ddilyn llwybr (gydag arwydd) i'r dde.

Wrth ein bod ni wedi dringo 500m ers gadael Pwll yr Almaenwr, mae'r planhigion wedi newid. Ond hyd yn oed yn y rhannau mwyaf creigiog mae tyfiant, a hyd yn oed yng nghanol gwres Awst bydd blodau i'w gweld.

Rwyf i wedi bod yn ddigon ffodus dros y blynyddoedd i gydgerdded gyda nifer o bobl sy'n deall eu botaneg yn llawer gwell na fi, ac iddyn nhw mae'r diolch fy mod yn gallu adnabod planhigion y mynydd a rhannu peth o'r wybodaeth yma. Mae nifer ohonynt yn rhai unigryw i'r Picos de Europa, fel effros y mynydd, planhigyn isel â blodau gwynion sy'n tyfu ymysg y borfa. Yn y mannau creigiog ar y llaw arall, lle mae cerrig rhydd yn gorwedd yn bendramwnwgl, fe welwn ni hocysen fwsg, perthynas i malva ein gerddi ni, gyda blodau piws. Ac mae hwnnw'n digwydd yr holl ffordd ar hyd y daith hon. Mae blodau'r mynydd fel arfer yn is na'u cefndryd yng nghaeau'r arfordir: yn y gwanwyn bydd cennin Pedr bychain yn codi ryw 10cm o'r llawr, a'r blodyn 'run faint â phisyn euro. Mae ei enw gwyddonol, narcissus asturiensis, yn dangos mor arbennig yw e.

Rhyw awr a hanner sydd o Vegarredonda i'r Mirador; rydym ni wedi gadael ardal y pori, ond mae'n bosib gweld anifeiliaid: mae rebecos, math o chamois neu afr y mynydd, yn britho'r Picos.

Ymlaen â ni drwy wastadedd greigiog, â chwt sy'n perthyn i awdurdodau'r Parc yn ei ganol, tuag at y gorllewin lle mae'r tir yn codi eto. Calchbalmant sydd o dan ein traed, ond rhaid bod yn wyliadwrus achos fan hyn a fan draw mae tyllau dwfn fel siafft pwll glo, ond bod rhain yn naturiol. Mae'r un mwyaf wedi ei gau gan ffens ond o bryd i'w gilydd bydd un arall yn ymddangos.

Pan gyrhaeddwn yr hyn sydd wedi bod yn orwel inni ers hanner awr a mwy, gwelwn ein bod ar ymyl dibyn; clogwyn o dros 1,000m o uchder, ochr orllewinol y Picos yn llythrennol. Ac fel welwn ni hefyd fedd.

Bedd Marcwis Villaviciosa, Pedro Pidal, yw hwn. Efe ysgogodd y syniad o barciau cenedlaethol yn Sbaen, ac yma ar fynydd Covadonga y cyhoeddwyd y cyntaf, ym 1918. Roedd e'n rhy ifanc i adnabod yr Almaenwr Frassinelli, ond roedd ei dad wedi ysgrifennu traethawd moliant iddo. Tybed beth feddyliai'r naill a'r llall am y miloedd sy'n cerdded 'eu' mynyddoedd heddiw.

Nôl â ni lawr i'r arfordir, lle mae dal ffiesta neu ddwy i'n diddanu ni. Yn y trefi, bydd sawl grŵp neu gymdeithas yn trefnu nifer o ffiestas, ac mae hyn yn wir hefyd am y pentref mwyaf yn ein hardal fach ni, Nueva de Llanes. Ac i wneud y peth yn fwy cystadleuol fyth, mae'r ddwy ffiesta yno yn dilyn patrwm tebyg ac un yn cael ei chynnal wythnos ar ôl y llall.

Dim ond chwe chant o bobl sy'n byw yn Nueva, ac os ydych chi'n un ohonyn nhw ych chi naill ai yn un o la Blanca neu el Cristo. Daw'r enwau o ddau gapel, ond, un funud fach, nid capeli fel yr ydym wedi arfer â nhw yng Nghymru. Mae'r capeli hyn mewn gwirionedd yn ferch-eglwysi i eglwys (Gatholig, oes rhaid dweud) y plwyf, sydd hefyd yn Nueva.

Ar gyfer y ffiestas, bydd cerflun nawddsant y capel yn cael ei gario mewn gorymdaith i'r fam eglwys y noson gynt. Ond beth sy'n nodweddiadol am yr ardal fach hon o Astwrias yw'r arfer o ladd coeden dal, fel arfer y dyddiau yma yr ewcalyptws sy'n bla arnom, a thorri'r canghennau fel bod bôn hir noeth. Mae hwn yn gallu mesur hyd at 40m. Lori fydd yn ei gario i ganol y pentref, ond wedyn dynion a bechgyn y capel, yn gwisgo crysau'r gymdeithas, sy'n ei gymryd ar eu hysgwyddau ac yn mynd ag ef drwy'r strydoedd cul i sgwâr y capel. Sawl gwaith rydym wedi gweld adlen bar neu hyd yn oed ran o wal yn cael difrod wrth geisio troi cornel.

Yn y sgwâr bydd twll mawr (lle bu coeden y flwyddyn gynt) yn barod i dderbyn y newydd. Rhaffau o'r tu blaen a hen offer haearn a nerth braich o'r pen arall, a dynion eraill yn llenwi'r twll â phridd a sment mor gynted ag sy'n bosib. Ar ben ucha'r goeden bydd baneri Sbaen ac Astwrias, a hefyd bag bach.

A phan fydd hi wedi ei chodi a'i gwneud yn saff, bydd llanc yn ei dringo, heb raff, dim ond coesau a breichiau, fel dringo hwylbren llong. Ac wedi cyrraedd man uchel sy'n dal yn ddiogel, bydd yn datod y clymau sy'n dal y bag bach, a chawod o losin yn cwympo ar ben y plant eiddgar. Bydd hefyd stribed o dân gwyllt yn cael ei danio ar hyd y goeden. Mae hyn i gyd yn digwydd gyda'r hwyr, ac erbyn 9 o'r gloch y nos bydd pawb yn mynd i gael bwyd cyn dychwelyd ar gyfer y dawnsio.

Mae ffiesta capel y Cristo, ar ochr arall y pentref, wythnos yn ddiweddarach, hefyd yn cynnwys codi coeden ar bwys y capel. Ond mae'r gymdeithas honno yn trefnu un weithgaredd arbennig ar ben hynny: yn ystod y prynhawn, ar ôl yr offeren, mae ugeiniau o bobl, rhai yn gwisgo gwyn, eraill yn droednoeth, yn cerdded mewn gorymdaith i ddiolch i Iesu Grist am ryw ffafr y maen nhw wedi ei dderbyn yn ystod y flwyddyn, neu am ryw gymorth e.e. wrth wrthsefyll salwch, y maen nhw'n credu iddo'i roi iddyn nhw. Fu yna ddim gorymdaith yn 2020, wrth gwrs, ond gallwch chi fod yn siŵr y bydd un anferth pan fydd y pandemig drosodd. Yn draddodiadol mae trigolion y pentrefi bychain o gwmpas Nueva yn perthyn i'r Cristo; mae'n ddiwrnod cyfarch cymdogion.

Ac ar ôl ffiesta'r Cristo, credwch neu beidio, byddwn ni heb ffiesta leol am – fis cyfan!

Nôl â ni i'r berllan felly, oherwydd erbyn canol mis Medi bydd y ffigys wedi chwyddo'n grwn, yn biws tywyll ac yn felys. Nid i'r berllan yn llythrennol chwaith, oherwydd mae ffigysbren yn tyfu'n dda yng nghanol y creigiau: mae ei wreiddiau hir yn mynd i chwilio am ddŵr mor bell ag sydd rhaid. Os byddwch yn pasio ffigysbren wrth gerdded y mynyddoedd, digon tebyg bydd adfeilion bwthyn yn agos iawn iddo.

Wrth y teras mae'r un mwyaf, oedd yno cyn inni brynu'r tŷ, a bydd yno ymhell ar ôl inni fynd, gobeithio. Ffigys gweddol fach, maint bricyllen, yw'n rhai ni, nid fel y rhai enfawr mae rhywun yn gallu eu prynu mewn siop. Miguelinos yw'r enw lleol arnyn nhw, am eu bod yn aeddfedu erbyn Dydd Gŵyl Mihangel Sant, Miguel, ar y 29ain o Fedi. Wel efallai fod hynny'n wir ar hyd y canrifoedd, ond heddiw maen nhw'n barod bythefnos cyn hynny. Moeth o'r mwyaf yw eistedd ar y teras yn cael brecwast, a chodi i bigo ffigysen sydd wedi'i thwymo gan yr haul ac yn berffaith aeddfed.

Ffaith bach arall am y sant: yr un yn union yw haf bach Mihangel yn Sbaeneg 'el veranillo de San Miguel'. Pwy sydd eisiau 'Indian Summer'?!

Byddaf yn casglu ffigys at weithio jam, a phwdin, a hufen iâ, ond y ffefryn yn y tŷ hwn yw plât i'w fwyta fel cwrs cyntaf. Ffigys a ham yn y ffwrn.

Mae mor syml â hynny. Bydd angen cynnau'r ffwrn yn boeth iawn – 220°. Cymryd sleisiau o ham wedi eu torri'n denau – ham wedi ei halltu neu'i sychu yn hytrach na'i ferwi – a dewis ffigysen berffaith i fynd i ganol pob darn. Dodi'r parseli bach mewn tun a'u rhosto nhw am ryw 10 munud. Bydd braster yr ham a sudd y ffigys wedi cymysgu i wneud saws hyfryd. Bydd angen tafell o fara i'w godi fe i gyd.

Mis Medi, mis y bwyta'n dda.

Hydref

Mis y cnau yw mis Hydref; mis y cnau, a chasglu afalau at wneud seidr.

Ond cyn hynny, tipyn bach o amser hamdden: dyma un o fisoedd gorau'r flwyddyn i fynd i ymdrochi o draeth bach y pentref. Rydym yn rhannu'r traeth gyda phentref ar ochr arall yr afon sy'n llifo i'r môr yno; mae gan hwnnw heol fach yn arwain yno, a llwybr concrit serth i gyrraedd y tywod: mae heol fach ar ein hochr ni hefyd, ond dyw'r llwybrau sy'n disgyn oddi wrthi ddim mor hawdd eu cerdded. Mae dywediad lleol yn addo gaeaf heb yr un annwyd i'r sawl sy'n ymdrochi saith gwaith ym mis Medi; gallaf ddweud yn awr nad yw e ddim yn addewid sy'n cael ei gyflawni, nid yn fy achos i o leiaf. Ond gyda'r newid yn y tymhorau, byddwn ni nawr yn gallu ymdrochi hyd at ddiwedd mis Hydref ac weithiau ddechrau mis Tachwedd. Mae dŵr yr heli'n dwymach nawr, oherwydd gwres yr haul; mae'n dwymach nag a fu mewn blynyddoedd cynt oherwydd newid hinsawdd, ac mae'r gwres yn aros yn hirach.

Yn ôl astudiaeth ddiweddar gan Brifysgol Gwlad y Basg, mae'r môr yma nawr yn cyrraedd 24° fel rheol yn ystod yr haf, lle gynt 22° oedd yr uchafbwynt.

Ar y traeth hydrefol nid oes grwpiau teuluol ar wahân i ambell fam ifanc gyda babi. Menywod mewn oed sy'n 'cymryd yr haul' fel morloi a bob hyn a hyn yn llithro i'r dŵr i chwarae a nofio ychydig. Rhai fel fi yn cerdded yno ac yn ôl, eraill yn cael y gŵr i'w hebrwng a'u hôl nhw i fynd i gael vermut bach wedyn cyn cinio.

A weithiau dim ond y fi sydd yno. Ac os ydw i'n cerdded i lawr y llwybr rhwng y coed, a phlymio'n syth i'r dŵr hanner ffordd i lawr y traeth, mae'n teimlo fel bod ar fy mhen fy hunan yn y byd i gyd, yn nofio rhwng y clogwyni heb weld na chlywed llais na pheiriant.

Y praidd yn dod i lawr o'r mynydd

Mae hanes i'r llwybr hwnnw. Mae'r tir o fewn 500m i'r môr yn cael ei ddiogelu rhag datblygiad; yn amlwg mae pentrefi a thai oedd wedi cael eu hadeiladu ynghynt, ond dyna'r drefn yn awr. Mae'r ardal hon wedi cael ei marcio gan byst concrit Costas (Adran yr Arfordir). Roedd hen fenyw oedd piau'r tir arfordirol ar ein hochr ni wedi ei adael i elusen, a'r elusen yn ei dro wedi ei werthu i gyfoethocyn o Madrid. Roedd y gwerthiant yn y dirgel: maen nhw i fod i gynnig tir amaethyddol i berchnogion caeau cyfagos.

Nesaf, fe wnaeth y perchennog newydd godi muriau, a chloi'r coed lle'r oedd llwybr traeth hanesyddol y pentref. Cawsom ni ginio protest ar y clogwyni, ac aethom ni i'r llys. Ar ôl blynyddoedd, enillodd y pentref – ond aros wnaeth y muriau, a'r pyst haearn â ffensys ar eu pennau nhw. Rhai o'n cymdogion benderfynodd beidio â derbyn hyn. Fe agorwyd y gât, aethant i lawr y llwybr a dechrau ail-wneud y grisiau ar y rhan fwyaf serth, gan rhoi pyst a rhaff yn help llaw.

Dod i gysylltiad â sipsiwn lleol oedd y peth nesaf, a dweud wrthyn nhw bod lot o fetal anghyfreithlon na fyddai ots gan neb petaen nhw'n mynd â'r cwbl fel sgrap. Ac fe fyddai pob peth wedi mynd yn berffaith ond bod plismon yn ei amser sbâr wedi digwydd gyrru heibio ar ei ffordd i bysgota o'r clogwyni ar yr union pryd yr oedd y gitanos wrthi'n torri'r pyst.

Fe gafodd y cymdogion hanner awr fach ddigon anghyffyrddus, ond yn y diwedd fe dderbyniwyd nad oedd trosedd, a chafodd neb ei erlyn. Ac eleni, wythnosau cyn y cloi oherwydd y coronafirws, fe gyrhaeddodd bois y cyngor i godi set o risiau pren hardd a chryf i lawr i'r traeth o'n hochr ni. Mae'r freuddwyd wedi ei gwireddu.

Dyw'r cynhesu cyffredinol ddim yn fêl i gyd: yr un stormydd o'r Iwerydd sy'n chwythu yn Astwrias ag yng Nghymru, ac mae pawb yn gwybod nawr eu bod yn fwy lluosog, yn gryfach ac yn dod â mwy o law. Mae dros 60% o boblogaeth Sbaen yn byw ar yr arfordir ac yn dechrau ofni cael eu boddi pan gwyd lefel y môr. Mae rhannau o Ribadesella yn is na lefel y môr, tu ôl i'r cei, ac yn dioddef fwyfwy gan lifogydd pan fydd y tonnau'n dod dros y cob.

Hela cnau yw tasg beunyddiol mis Hydref. Ac mae angen paratoi at hynny, fel a ganlyn.

Rho dy welis ar dy draed, dy fenig rwber ar dy ddwylo a het ar dy ben.

Cymer fwced sydd heb fod yn rhy fawr, nid mynd i fwydo lloi yw hyn.

Mae tair coeden cnau Ffrengig aeddfed ar ochr yr heol, a dwy lai a blannwyd ers inni ddod yma ac sy'n dechrau ffrwytho yn barod. Mae pob un yn tyfu ar borfa, felly mae chwilio oddi tanynt yn yr hydref, pan fydd glesni'r gwair wedi tywyllu a dail crin a darnau o blisgyn cnau yn cymylu'r achos – wel, mae'n gêm imi.

Pam y wisg arbennig? Mae angen yr het i ddiogelu'r pen rhag ambell gangen isel, ond hefyd rhag y cnau sy'n cwympo. O feddwl bod rhai yn syrthio o frigau 15m uwch dy ben, ac yn gwneud pant bach yn y ddaear wrth lanio, bydd rhywun yn deall bod rhaid gwisgo het. Mae'r menig yn cadw dy fysedd di'n lân. Ers canrifoedd bu'r cnau hyn yn ffynhonnell lliw du, ar gyfer inc yn bennaf, a chredwch chi fi maen nhw'n dal i lenwi'r swydd honno'n dda iawn. Byddi di'n hala oriau gyda brws ewinedd os na wisgi di fenig.

A'r welis? Swydd ddeuol sydd yma. Wrth gwrs eu bod nhw'n cadw dy draed yn sych. Arfordir Astwrias yw hwn, mae gwlith trwm bob nos a'r borfa'n aros yn wlyb tan yn gynnar yn y prynhawn. Ond yn bwysicach na hynny, mae gwaelodion tenau gyda nhw. Byddaf yn chwilio am gnau gyda'm traed. Yn fuan iawn mae'r traed yn dysgu'r gwahaniaeth rhwng cneuen a charreg fach, neu weddillion brigyn.

Bydd ambell gneuen yn gwthio'i hun i'r golwg fel seren Hollywood, yn gorwedd yn dew ac yn olau ei phlisgyn yn yr haul. Ond bydd y rhan fwyaf yn cwato, yn cuddio. Mynd dros y tir sydd rhaid, fel y plismyn hynny ar ôl trosedd mewn parc, yn gyntaf yn edrych ar y cuddliw gwinau-llwyd-glas, y borfa, chwyn, eiddew, dail, brigau – www, cneuen! Mae'n fy atgoffa fi o gwrs 'Amgylchedd y Gelyn' y bûm i arno unwaith. Pwynt y peth y diwrnod hwnnw oedd darganfod rhywun â dryll mewn cae coediog. Roeddwn i'n anobeithiol: wedi fy 'lladd' sawl gwaith. Ond fan hyn, ar raddfa fechan o fewn cyrraedd fy llygaid meiopig, rwy'n bencampwraig.

Achos pan fydd y rhai hawdd, hardd, i gyd yn saff yng ngwaelod y bwced, mae fy neutroed yn dal ati'n dod o hyd i rai 'run mor fawr o dan ddeilen, neu'n ymgodi fymryn o'u pant hunanbaledig. O dipyn i beth hefyd, rwyf yn dod i adnabod micro-dirlun y lawnt o dan y coed cnau – am eleni. Tua'r pen, mae'r tir yn codi'n raddol tuag at y graig. Bydd cneuen sy'n cwympo fan hyn yn tueddu i rolio ar ôl cyrraedd y ddaear, ac yn aml bydd sawl un yn ymgasglu mewn nyth bach o wastraff dail.

Ar flwyddyn dda, byddwn yn casglu dros 30kg o gnau; tair basged enfawr. Dro arall, bydd y coed yn methu. Pan fydd tywydd cymylog llaith drwy fis Mehefin a mis Gorffennaf, fydd y cnau ddim yn ffurfio, a'r rhai sydd wedi ffurfio dim ond yn tyfu i faint gneuen collen, ac eraill yn pydru. Gwaith trist iawn yw casglu'r ychydig a erys. Hanner dwsin fan hyn, tair mewn man arall. Mae teimlad o golled, o rywbeth o'i le ar y byd, pan fyddaf yn sefyll o dan y goeden tua diwedd mis Hydref, efallai'n hongian dillad ar y lein, a gwynt cryf yn dod o'r de – gwynt y cnau yw ei enw fan hyn – a dim ond dail sy'n cwympo. Dim o'r cnocio bach pan fydd cneuen yn glanio'n ddisymwth.

Ond mae gen i ffordd i godi fy nghalon. Byddaf yn troi tua'r gogledd ac yn cerdded ar hyd y lôn sy'n arwain at y clogwyni. Yn ystod y daith fer, ddi-gyfrifoldeb, bydd yr un gwynt deheuol yn fy mhlesio wrth ddanfon gloÿnnod byw a dail crin, y naill mor felyn â'r llall, i chwyrlïo dawns gymhleth o gwmpas fy mhen.

Â'r cnau yn ddiogel yn y bwced, rwy'n mynd â nhw i'r corridor, balconi sy'n rhedeg ar hyd llawr ucha'r tŷ ar yr ochr ddeheuol. Mae'n nodwedd draddodiadol yn nhai'r pentrefi, yn werthfawr iawn pan ddaw hi'n amser sychu cnau, neu ffa – neu ddillad ar ddiwrnod o law mân. Hawdd dweud pa dai sy'n cael eu gosod i ymwelwyr yr haf, achos fe welwch chi bobl yn eistedd ar y corridor, yn ei ddefnyddio fel lle i ymlacio.

Byddaf yn taenu'r cnau ar hyd y teils, yn un haenen heb fod rhai yn eistedd ar ben ei gilydd. Byddant yn sychu'n braf heb fod yn llygad yr haul. Y flwyddyn orau erioed, cawsom gynhaeaf o gnau Ffrengig oedd yn gorchuddio llawr y corridor i gyd ond am un metr. Tua 35kg o gnau gawsom y flwyddyn honno. Ac yma byddan nhw nes bydd y tywydd yn mynd yn wlyb ac yn wyntog. Yna byddaf yn eu casglu nhw yn y basgedi mawr wedi'u plethu o frigau'r gastanwydden, a'u cario nhw i'r stafell sbâr i dreulio gaeaf yn y tywyllwch.

Mae'r cnau yn gorfod rhannu'r corridor gyda chnydau eraill y mae angen eu sychu, fel y ffa.

Byddwn ni'n codi'r ffa o'r cae yn gyfan, ac yn eu cario nhw fesul whilber lan i'r tŷ. Wedyn mae rhaid eu rhannu i fwndeli o ddeg neu ddwsin, eu clymu, a'u hongian â'u gwreiddiau tuag at y nenfwd. Dros y blynyddoedd bu dysgu mawr ar sychu ffa. Rhaid cadw nhw o'r glaw, ond hefyd o'r haul. Bydd y codau lleithion yn pydru a'r sychion yn agor ac yn lledu ffa dros bob man. Newyddion da i'r llygod ond i'r llygod yn unig.

Byddwn ni fel y rhan fwyaf o'r cymdogion yn defnyddio'r corredor, sydd, er ei fod ar ochr ddeheuol y tŷ, â digon o led o gysgod; a hefyd ochr y sied, sy'n wynebu'r gogledd ond eto â bondo llydan i'w cysgodi. Wedi sychu, rhaid eu hagor: tasg fydd yn cael eu rhannu gan deuluoedd cyfain o'r plant bach i dad-cu.

Rhaid gwylio â llygad barcud am y rhai sydd â nam, achos fydd rhain ddim yn cadw, ac mae perygl y byddan nhw'n difetha cwdyn cyfan. Byddwn yn chwilio am ffeuen sy'n dod o'r goden yn llyfn, gyda pheth sglein arni, ac yn wyn unlliw. Os na, efallai y bydd yn ddigon da i'w choginio ar unwaith, ond nid i'w chadw dros y gaeaf. Petawn i'n casglu er mwyn gwerthu yn y farchnad, byddwn i hefyd yn gwrthod y rhai llai, ond i'r gegin mae rheiny'n iawn.

Wedyn, rwy'n eu gadael nhw ar hambyrddau mawr am ddiwrnod neu ddau, eto'n rhan o'r broses sychu a phrofi, cyn eu cadw. I ddechrau roeddwn yn defnyddio jarrau mawr, ond rwy wedi penderfynu taw sachau yw'r gorau. Rwy'n casglu sachau bach fydd yn dal rhyw 2 kilo; mae cotwm neu ddeunydd trwchus yn well na phapur, ond wneith papur cryf y tro os byddan nhw mewn stafell sych ei hawyr.

Wrth ei ysgrifennu fel hyn mae'n swnio fel gwaith hir, ac mae agor miloedd o ffa yn gallu bod yn fwrn. Fel arfer rwy'n ei wneud ar y teras, wrth y ford, ar ôl cinio. Digon o le a dim ots bod dail crin a phridd yn cwympo ar y llawr. Bydd y planhigion gwag yn mynd i'r domen gompost yn syth.

Bob mis Hydref, bydd pobl Astwrias, y rhai hynny sydd yn perthyn i'r chwith yn wleidyddol, yn cofio Chwyldro 1934, pan gododd yr ardaloedd diwydiannol fel na ddigwyddodd erioed o'r blaen i fynnu dyfodol gwahanol. Roedd Sbaen i gyd ar fin ffrwydro oherwydd llywodraeth ganolog wan oedd yn methu newid trefn perchnogaeth tir gan y tirfeddianwyr mawr, a diffyg hawliau gweithwyr. Roedd gwrthryfela ar raddfa isel yng Nghatalwnia, yn Andalucia ac yn Madrid. Roedd achos Astwrias yn wahanol. Am y tro cyntaf roedd yma ddosbarth gweithiol niferus a chryf. Ac yn wyrthiol, fe lwyddodd y tri phrif fudiad, y Comiwnyddion, y Sosialwyr a'r Anarchwyr, i gydweithio i drefnu ac i redeg gwladwriaethig fechan cymoedd y glo. Sefydlwyd pwyllgor ym mhob pentref i drefnu cyfathrebu, gwaith a bwyd, ac yn fwy na dim, i amddiffyn yr hyn yr oedden nhw yn ei greu. Nid rhywbeth negyddol oedd y chwyldro, ond ceisio symud tuag at ffordd well o fyw.

Ers misoedd, roedd pobl wedi bod yn cadw storfeydd o ynnau a deinameit. Fe ledodd y chwyldro i Oviedo, prifddinas y dalaith, lle safai dwy ffatri arfau enfawr. Aeth llawer o'r arfau hyn tua'r cymoedd, a'u cuddio mewn mannau anghysbell. Byddai rhai yn cael eu defnyddio yn ystod y Chwyldro, eraill pan ddechreuodd rhyfel Sbaen ddwy flynedd yn ddiweddarach. Ac fe ledodd i Xixón/Gijón pan ymunodd y docwyr a gweithwyr y cwmnïau adeiladu llongau.

Doedd llywodraeth Madrid ddim yn mynd i adael i gyfundrefn Sofiet ffynnu o fewn ffiniau Sbaen. Anfonwyd y fyddin i'r gogledd. Cadfridog o'r enw Francisco Franco oedd pennaeth yr ymgyrch i ddifetha'r chwyldro. Daeth â milwyr o Leng Dramor Sbaen oedd fel arfer yn cadw brodorion Moroco yn dawel, a chatrawd o filwyr brodorol o'r wlad honno, y 'moros', oedd wedi cofrestru yng ngwasanaeth Sbaen. Dyma'r tro cyntaf i'r naill na'r llall gael eu defnyddio yn erbyn Sbaenwyr o fewn Sbaen. Roedd yr ymladd yn ffyrnig; hyd heddiw nid ydym yn gwybod faint fu farw, oherwydd ni chawsant eu claddu mewn mynwentydd ond eu taflu i fewn i ffosydd – rhywbeth fyddai'n digwydd eto drwy gydol rhyfel Sbaen. Un enghraifft: pan aeth Leah Manning, Saesnes a sosialydd, i Astwrias rai misoedd wedyn i geisio cael gwybod beth oedd wedi digwydd, fe ddwedodd uchel swyddog wrthi bod 2,500 wedi marw dim ond ym mrwydr Oviedo. Miloedd felly wedi eu lladd, a miloedd mwy wedi eu danfon i garchar neu i weithio fel caethweision mewn taleithiau pell.

Roedd chwyldro Astwrias ar ben, ac eto fe gafodd ddylanwad annisgwyl ar weddill Sbaen. Addysg oedd un o brif amcanion y chwith o fewn dosbarth gweithiol y cymoedd; mewn gwlad lle roedd yr Eglwys yn rheoli hynny o ysgolion oedd yn bodoli, roedd hyn yn newid mawr. Dysgu darllen i ddechrau, wedyn dysgu athroniaeth, trafod syniadau gwleidyddol – roedd hyn i gyd yn rhywbeth newydd. A phan orfodwyd y chwyldroadwyr i fynd i rannau eraill o Sbaen, aethant â'r dysg newydd a'i ffordd o feddwl gyda nhw. Yn anffodus, ni chafodd prif wers y chwyldro ei dysgu gan y Chwith: roedd diffyg cydweithrediad rhwng yr holl fudiadau gwleidyddol yn ystod Rhyfel Sbaen yn bla ar y fyddin weriniaethol.

Rhaid cydnabod, wrth gwrs, na pharhaodd chwyldro Astwrias yn hir. Pwy a ŵyr faint o gydweithrediad fyddai wedi bod ymhen blwyddyn?

Mae diwydiant glo Astwrias wedi mynd yn hanes, ond fe fu'n rhan bwysig o hanes ugeinfed ganrif Sbaen. Roedd y nerth a'r wybodaeth oedd wedi datblygu yn y cymoedd yn hanfodol yn ystod tymor yr unben Franco. Bryd hynny daeth y glowyr yn bwerus, a hynny oherwydd bod gwaharddiad rhyngwladol ar fasnach gyda Sbaen. Doedd gan y Sbaenwyr ddim olew, a doedd neb eto wedi meddwl am baneli haul. Ar wahân i ychydig o gynlluniau trydan dŵr, llosgi glo oedd yr unig ffordd i gynhyrchu ynni.

Yn nechrau'r 1960au roedd dros 20,000 yn gweithio yn y pyllau glo. Roedd eu cynnyrch yn hollbwysig, nid yn unig i'r cynhyrchwyr trydan ond y gweithfeydd dur a sment. Ond roedd eu hamodau gwaith yn ddychrynllyd. Ni chaniateid undebau, a'r unig hawl oedd i gwyno i reolwr pwll unigol am fater lleol. Felly pan ddiswyddwyd nifer o lowyr am wrthod gweithio tyrnau hirach, aeth eu cydweithwyr yn y pwll hwnnw i'r gwaith fel arfer, ond heb gyffwrdd â'r rhaw yr holl amser dan y ddaear. Dim gwaith, dim glo – a dim siarad ymysg ei gilydd am y peth rhag ofn cael eu herlyn am ffurfio undeb. Fe ledodd y streic ac ymhen mis roedd cymoedd canol Astwrias a'r ardal glo caled yn y gorllewin wedi ymuno.

Roedd y gweithfeydd dur ar stop. Roedd adeiladwyr yn methu prynu sment. Roedd gweithwyr mewn taleithiau eraill, a diwydiannau eraill, yn dechrau dod allan. Ar ôl pedwar mis, aeth glowyr Astwrias yn ôl i'r gwaith wedi ennill yr hawl i gael eu cynrychioli gan undeb. Y flwyddyn wedyn, bu streic arall, y tro yma am dâl a gwyliau. Doedd hyd yn oed yr unbennaeth ddim yn gallu cadw pobl i lawr am byth.

Yn ddiweddar, mae'r gweithredu wedi tyfu o anobaith: ofn cau'r pyllau. Eistedd i mewn, i lawr y pwll am wythnosau, gorymdeithio i Madrid, llosgi teiars ar draffyrdd. Unwaith eto, mae'r rhod wedi troi a does dim dyfodol i'r diwydiant glo. Mae sawl un o'm cyfeillion yn gyn-lowyr, mwy fyth yn blant ac yn wyrion i lowyr. Bu mam un ohonyn nhw'n rhedeg negeseuon yn ystod y Chwyldro. Ond mae eu plant nhw wedi gwasgaru ar hyd a lled Sbaen ac Ewrop: cerddor yn Llundain, cogydd yn yr Ynysoedd Dedwydd, arbenigwraig bio-infformateg yn Madrid, rheolwr siop win yn y Swistir. Yr her nawr yw adfywio Astwrias yn absenoldeb y glo, fel bod rhai ohonyn nhw o leiaf yn gallu dychwelyd.

Saith deg mlynedd ar ôl y Chwyldro, mis Hydref oedd y mis pan gychwynnodd y gwaith ar ein tŷ. Wedi prynu tŷ haf eithaf plaen oherwydd ei safle, roeddem ni wedi penderfynu gwario arian ar ehangu, a prydferthu ar yr un pryd. Dyna beth oedd dysgu Sbaeneg ar frys! Iaith newydd, geirfa newydd, rheolau newydd, arferion newydd: roeddem ni'n dysgu'r cwbl wrth i'r gwaith fynd yn ei flaen.

Yn gyntaf, daeth pala (palwr), i gael gwared o'r graig rhwng yr hen dŷ a'r garej. Am bythefnos, cawsom ein dihuno gan sŵn hwnnw. Wedyn, y seilwaith haearn ac yna'r seiri maen yn dechrau. Am lawer mwy na phythefnos, caem ein deffro gan droadau'r peiriant cymysgu concrit. Dau saer maen oedd, un yn ei bumdegau oedd yn cyrraedd ar feic ac yn canu hen alawon tan amser cinio, pryd byddai'r dyn ifanc, beiciwr modur, yn cael dodi'r radio. Nhw oedd yn gwneud popeth ar wahân i blymio a pheintio.

Bob mis, neu'n fwy aml os oedd angen, roeddem ni'n cwrdd â phennaeth y cwmni bach i drafod y gwaith ac unrhyw newidiadau. Ond, rhaid dweud, roeddem ni'n gwsmeriaid da, wedi deall o'r dechrau bod pob newid yn costio arian, felly gwell cael y cynlluniau'n iawn cyn dechrau. Oriau fuom ni'n eistedd gyda'r pensaer yn ceisio esbonio mewn Sbaeneg fratiog a darluniau bach beth roeddem ni ei eisiau. Biwrocratiaeth Sbaen eto: yn ogystal â'r pensaer roedd rhaid inni gael clerc gwaith, ac i'r holl gynlluniau gael eu danfon i Goleg Penseiri Astwrias. Ac ar ben hynny roedd y broses arferol o gael caniatâd y cyngor lleol. Dim ond ar fore Mercher (diwrnod marchnad) mae'r cyhoedd yn cael mynd i adeilad y cyngor felly buom ni'n sefyll mewn coridorau'n hir yn aros i siarad â'r cynllunydd. Nôl ac ymlaen oedd hi wedyn, yn cywiro manylion pitw, nes eu bod nhw wedi danfon y drwydded adeiladu – a'r post wedi ei adael yn y tŷ anghywir, tŷ pâr arall o estroniaid mewn pentref cyfagos! Ac roedden nhw i ffwrdd ar eu gwyliau. Ond drwy ryw ryfedd wyrth, roedd cyfaill iddyn nhw'n aros yn y tŷ tra roedden nhw bant, a ninnau wedi digwydd cwrdd ag ef y noson gynt. Rwyf yn dal yn ddiolchgar iddo am ddringo ar ei feic a dod â'r llythyr swyddogol draw ar unwaith inni.

Roedd yr estyniad yn newid holl olwg y tŷ. Defnyddiwyd lot o bren, yn enwedig y math sy'n cael ei alw yn 'castanwydden sy'n edrych fel derw'. Mae'r drysau, y ffenestri a'u caeadau, a'r grisiau i gyd yn bren, heb sôn am y trawstiau a'r estyll tywydd cerfiedig. Yn lle'r tŷ plaen o saithdegau'r ganrif gynt, roedd gyda ni dŷ oedd yn perthyn i draddodiad, ond gyda phethau modern hefyd fel llawr gwresog. Yn bennaf oll, roedd gyda ni ddigon o le i bobl i ddod i aros yn fwy cyffyrddus, roedd corredor neu falconi i sychu llysiau, ac roedd y rhan newydd yn edrych tua'r de, gyda golygfa hyfryd o'r teras draw dros ganol y pentref i'r mynyddoedd. Yn aml iawn bydd cyfeillion yn cyrraedd am wythnos ac yn ei chael hi'n anodd gadael y teras, hyd yn oed i gerdded lawr i'r traeth.

Bydd brecwast hwyr yn ymestyn i baned o goffi wrth ddarllen llyfr, efallai am dro bach rownd yr ardd cyn cinio, cyn suddo nôl i siesta. Mae hyn yn cael effaith arnom ni hefyd: yn ein harafu ac yn rhoi inni gyfle i edrych, ac efallai i weld, mwy. Mor hawdd yw gweld y pethau sydd rhaid eu gwneud, ac anwybyddu'r rhai sydd yn haeddu sylw am ddim rheswm ond eu bod nhw yno – aros i wylio aderyn neu bryfyn yn byw ei fywyd wrth ein hymyl ond fel petai mewn byd arall, neu sylwi o'r newydd pa flodau sy'n cydweddu, a pha rai ddim.

Dechrau mawr hydrefol oedd yr estyniad, ond mae'r mis yn fwy o derfyn yn y lluarth. Dyma pryd fydd yr afalau'n cwympo, a'r planhigion brenhinllys yn dechrau edrych yn hen ac yn gwywo. Byddwn yn casglu'r afalau a'u rhoi nhw dan do, ac yn cadw'r afalau bwrdd ar wahân. Ond yr arfer yw aros i'r tywydd oer cyn gweithio seidr. Mae angen trafod y brenhinllys ar unwaith, cyn iddo farw: planhigyn blwydd yw e. Byddaf yn casglu'r dail i gyd wrth dynnu'r planhigion allan o'r tŷ gwydr, yn cael gwared ar unrhyw rai sydd â nam, a'u gwasgu mewn i jar mawr. Olew olewydd da i'w lenwi, gan ofalu nad oes pocedi o aer ar ôl, ac i gwpwrdd tywyll am fis neu ragor. Ei hidlo'n fân a'i dodi mewn poteli. Mae hwn yn hyfryd ar ben tomatos, ac yn rhoi tipyn o fywyd a naws yr haf i hen domatos dyfrllyd y gaeaf.

Byddaf yn gweithio olew lemwn hefyd yn yr un modd tua'r adeg yma o'r flwyddyn. Mae lemwns ar gael ar y coed rownd y rîl, ond yn yr hydref mae cymaint ohonyn nhw fel bod rhaid eu torri cyn dyfodiad gwyntoedd ystormus y gaeaf. Mae gwir berygl i goeden lemwn rwygo a disgyn oherwydd pwysau'r ffrwythau ar ei changhennau. Er mwyn paratoi'r olew, byddaf yn golchi'r lemwns: rhai bach am ei bod hi'n haws llenwi jar gyda nhw. Rhaid eu harolygu'n fanwl: dim ond y rhai â chroen perffaith sy'n cael eu dewis. Wedyn, yn union fel y brenhinllys, eu gwasgu nhw i'r jar ac ychwanegu olew. Mae llwyaid o hwn yn arbennig o dda ar ben pasta: wedi hidlo'r spaghetti neu beth bynnag, dodwch e nôl yn y sosban gydag ychydig o olew a rhowch siglad iddo cyn ychwanegu'r saws.

A dweud y gwir mae silff cyfan yn y gegin yn llawn poteli olew a finegr gwahanol. Yr un finegr sy'n hawdd ei wneud o'r ardd yw finegr amgwyn neu daragon. Eto, dim ond cymryd dail da, eu gwasgu nhw mewn i jar a'u gorchuddio â finegr. Byddaf yn defnyddio finegr seidr achos mae wastad peth gyda ni, ond byddai finegr gwin gwyn yn iawn hefyd. Yn wahanol i'r olew, mae'r finegr yn well o'i adael i aeddfedu ychydig wythnosau ar silff ffenestr gyda digon o olau haul am fis cyn ei hidlo. Mae'n beth da rhoi sbrigyn o amgwyn ffres i fewn yn y botel fel y byddwch yn cofio beth yw e. Gallwch chi wneud finegrau fel hyn gyda rhosmari, neu saets, neu oregano: y perlysiau aromatig hynny gyda dail eithaf caled.

Efallai bod hyn i gyd yn swno fel Mari Antoinette yn chwarae tŷ, ond pan oedd pobl yn dibynnu ar y lluarth, rwy'n siŵr taw'r pethau bach ychwanegol fel hyn fyddai'n rhoi tipyn o flas ar blât o ffa yn ystod misoedd y gaeaf.

Tachwedd

Mis lladd, a marw, yw Tachwedd. Dyna beth yw tarddiad y gair. Calan Gaeaf oedd y 1af o Dachwedd i'r hen Geltiaid, a ddaeth yn Ŵyl yr Holl Saint i'r Eglwys Gristnogol. Mae dechrau Tachwedd yn amser i feddwl am y meirw – ac i ladd anifeiliaid at y stordy bwyd.

Felly trowch dudalen neu ddwy os nad ydych chi am ddarllen am farwolaethau. I mi, erbyn hyn, rhan o fywyd yw e. Rhan drist ac anodd, ond hanfodol.

Mae'r rhan fwyaf o bobl sy'n marw yn Astwrias yn dal i gael eu claddu, er bod twf yn ddiweddar yn yr amlosgiadau. Yn ein hardal wledig ni, mae hynny'n golygu lle yn y camposanto: y cae cysegredig, mynwent y plwyf. Ac mae honno yn ei lle traddodiadol, ymhell o'r eglwys ac o gartrefi. Y cyntaf o Dachwedd, nid y Pasg, yw'r diwrnod ar gyfer ymweld â'r beddau, gan addurno'r lle â blodau (sydd wrth gwrs yn codi mewn pris ar yr adeg yma).

A gwae chi os bu farw aelod o'r teulu yn ystod y flwyddyn a chithau heb gael torri ei enw ar y beddrod; mae seiri maen ar sifftiau dwbl drwy gydol mis Hydref i gwrdd â'r galw. Pan oeddem ni'n archebu gwenithfaen ar gyfer y gegin, bu'n rhaid aros deufis tra bod y cerrig beddau'n cael eu paratoi at yr Hollsaint.

Nid pawb sy'n gorwedd mewn bedd o'r math a welir yng Nghymru, mewn daear ddu. Tu fewn i furiau uchel y fynwent ac yn pwyso yn eu herbyn, mae siambrau beddau, un ar ben ei gilydd, gyda drws bach i'r garreg fedd. Aiff yr arch i fewn â'i ben tua'r wal.

Mae arferion angladdau yn wahanol i rai Cymru mewn sawl ffordd. Yn amlwg, po fwyaf adnabyddus yr ymadawedig, mwyaf o bobl fydd yn dod i alaru. Ond syndod i mi oedd bod angladdau'n digwydd o fewn deuddydd – ac fel arfer o fewn pedair awr ar hugain – i'r farwolaeth.

Mae 76 o afalau'n cael eu cydnabod ar gyfer seidr Astwrias

Bydd tonc araf undonog cloch y meirw i'w glywed gyntaf. Ras i gael gwybod pwy sydd wedi marw, a beth yw'r trefniant ar gyfer y galar. O'r blaen byddai'r ymgymerwr yn dod i'r tŷ, ac mewn dim o amser byddai'r corff o fewn yr arch agored yn gorwedd ar y ford fwyta. Ond dim ond un o'r rhain welais i, yr hen fenyw annwyl oedd yn byw gyferbyn. Roedd gweld ei hwyneb heb fywyd yn sioc, er ei fod yn rhywbeth yr oeddwn wedi ei weld droeon ar ffilm o wledydd eraill.

Yn un a dau, daeth y cymdogion; roedd hynny'n fwy cyfarwydd, pawb yn eistedd yno, yn cydymdeimlo â'r teulu ac yn adrodd hanesion bach am yr ymadawedig. Roedd hi bron â chyrraedd ei chant, ac rwy'n ei chofio hi'n dweud hanes ei phlentyndod wrtha'i, sut y ganwyd hi mewn gwersyll gwneuthurwyr teils, a byw'n droednoeth nes iddi fynd yn forwyn i dŷ yn Oviedo pan oedd yn wyth oed. Yna bu'n ddigon lwcus i gael meistres oedd yn deall yr angen i ddysgu darllen, ac a'i dysgodd hi. Hyd y diwedd roedd yn darllen y papur newyddion bob dydd.

Erbyn hyn mae'r rhan fwyaf o deuluoedd yn dewis cynnal y galar, y pésame, yn adeilad yr ymgymerwr: mae mwy o le, a llai o gyfrifoldeb trefnu. Mae gwefan arbennig lle mae rhywun yn gallu chwilio pwy sydd wedi marw ym mha ran o Astwrias; os wyt ti'n gweithio dramor, neu ar dy wyliau, a pherthynas yn wael iawn, digon hawdd cael gwybod mewn pryd i gyrraedd yr angladd. Yr ymgymerwyr sy'n cynnal y wefan: mae hefyd yn bosib gadel neges o gydymdeimlad a phrynu torch o flodau. Mae rheiny'n uffernol o ddrud! Cannoedd o ewros am rywbeth eithaf bach.

Bydd perthnasau agos yn dod o bell, cymdogion y pentref i gyd yn troi allan, ac wedyn y rhai oedd yn adnabod y person drwy ei fywyd gweithiol neu gymdeithasol.

Dim ond y teulu agos sy'n gwisgo du, bydd pawb arall yn dod i'r eglwys mewn dillad bob dydd, wedi clywed cnul y gloch eto, rhai'n mynd i fewn i glywed yr offeren a'r rhan fwyaf yn aros tu allan. Yna bydd yr hers yn cludo'r arch i fynwent y plwyf, a phawb yn cerdded lan y rhiw y tu ôl i'r cerbyd.

Does dim traddodiad o de nac unrhyw bryd bwyd arall: mae pawb jyst yn mynd yn ôl at ei bethau. Ond fydd diwrnod marwolaeth rhywun fyth yn cael ei anghofio: mae rhai teuluoedd yn talu am offeren i nodi'r dyddiad, ac yn aml iawn bydd rhywun o'm cydnabod yn dweud 'o, mae'r amser yma o'r flwyddyn yn anodd iawn i mi', am mai dyna pryd y bu farw ei mam, neu'i chymar.

Galan Gaeaf, mae pawb sydd wedi marw yn cael ei gofio. Mae olion yr hen gred Geltaidd yn aros: yn y nos rhwng Hydref a Thachwedd, medden nhw, byddai'r ffin rhwng byd y byw a byd y meirw yn gwanhau. Gwelid mintai y Santa Compaña, neu'r güestia, yn crwydro'r pentrefi, yn rhybuddio'r trigolion 'anda de día, la noche es mía': ewch allan liw dydd, nyni sydd piau'r nos. Eneidiau rhai o'r meirw fyddai'r aelodau'r fintai, eneidiau mewn poen oedd am ryw reswm yn methu gadael byd y rhai byw. Nos Galan Gaeaf oedd eu hamser nhw, heb os nac oni bai, ond roedden nhw'n gallu ymddangos unrhyw noson i rywun a gerddai liw nos. Mae gen i lyfr taith o'r 19eg ganrif, The Highlands of Cantabria, sy'n dyfynnu hanes un gŵr, oedd yn swyddog yn un o'r pyllau glo yn Langreo yng nghanolbarth Astwrias. Roedd hwn ar ei ffordd adre o dŷ ei gyfeillion, ganol nos, cyn dyddiau goleuadau stryd, pan ddaeth yn ymwybodol bod rhywbeth arall yn teithio'r un ffordd ag ef. Ni fedrai ei weld yn iawn, a dechreuodd redeg i ffwrdd. Pan ddaeth i ardal y ffwrneisi haearn, fe welodd fod yr heol yn wag ond amdano ef a'i ful.

Ond wrth iddynt droi am adre, fe welodd fintai fawr yn dod tuag atynt. Roeddynt yn cario canhwyllau mawr, ac yn y canol gwelodd arch. O dipyn i beth adnabu nifer ohonynt, na, pob un! Rhai yn gydweithiwr yn y pwll, eraill wedi bod flynyddoedd yn eu beddau. Nid oedd yn bosib cyffwrdd â nhw, ac ni ddywedsant ddim wrtho.

Ymateb y teulu oedd ei fod e wedi yfed gormod o seidr. Efallai.

Gan ein bod ni yn Astwrias, mae llawer o'r arferion sydd ynghlwm wrth Noswyl y Meirw yn ymwneud â bwyd. Bum can mlynedd yn ôl cyhoeddwyd gwaharddiad gan yr eglwys yn erbyn 'bwyta gwledd yr eneidiau' ar dir eglwysi. Yn ystod yr oesoedd canol, y plant fyddai'n mynd o dŷ i dŷ, eu hwynebau'n llwyd gan ludw, i erfyn bara, cig a gwin – a hefyd melysion! Ni chaent fynd â'r rhoddion i'w tai; ond roedd gan bob eglwys glas, darn oedd dan do ond heb welydd, ac i'r fan hyn yr heidiai'r plant.

Fe barhaodd arferion eraill tan ddechrau'r ugeinfed ganrif. Byddai teuluoedd yn paratoi hoff fwyd yr ymadawedig, a'i adael wrth ei fedd, neu yn un o'i gaeau. Yr amcan oedd helpu'r eneidiau i ddod dros eu poen a symud ymlaen i'r byd nesaf. Yn aml, byddent yn rhostio cnau castan ar goelcerth, yn bwyta peth ac yn gadael y gweddill i'r eneidiau. Y maguestu, neu amaguestu, yw enw'r traddodiad hwn, ac mae ei olion i'w gweld hyd heddiw. Mae bowlen o gnau castan yn aml yn cael ei gynnig yn y barau amser hyn o'r flwyddyn. Roedd y gastanwydden yn bwysig iawn yma cyn i'r Sbaenwyr ddechrau mewnforio tato ac India-corn o'r Amerig. Mewn ardaloedd lle nad oedd gwenith yn tyfu'n dda, dyma oedd ffynhonnell eu blawd.

Coeden arall fyddai â'i lle arbennig pan gerddai'r eneidiau oedd yr ywen. Ym mytholeg y Celtiaid roedd hon yn cynrychioli cylch bythol byw a marw – dyna pam mae cymaint ohonyn nhw yn ymyl eglwysi hynaf Cymru. Ar noswyl y meirw yn Astwrias, byddai teuluoedd naill ai'n crogi cangen o'r ywen tu allan i'r tŷ, neu'n mynd ag un i'r fynwent i helpu'r enaid coll fynd yn ôl i'r lle y 'dylai' fod.

Mae'r bwmpen-gannwyll hefyd yn arfer hen iawn, i gadw eneidiau'r güestia rhag ddod i fewn i'r tŷ. Er eu bod nhw hefyd yn dwyn yr enw 'bona gente', pobl dda, doedd neb am i'r fintai gyfan gyrraedd yr aelwyd, dim ond yr un oedd yn perthyn iddyn nhw.

Hen bryd imi sôn am rywbeth hapusach! Beth am lased o seidr cartref? Mae'r traddodiad o facsu seidr yn Astwrias yn hen iawn; mae llawysgrifau o'r wythfed ganrif yn rhestru perllannau afalau oedd yn perthyn i fynachlogydd, a faint o seidr oedd i'w ddarparu i'r mynachod ar gyfer dathlu gŵyl neilltuol. Ac mae ewyllys o'r ddegfed ganrif yn nodi etifeddiaeth o 'mantell, carthen, grawn, seidr a chig' gan fenyw yng nghanolbarth Astwrias. Mae'n dyled ni i'r mynaich a gadwai lyfrau cownt y mynachlogydd yn fawr: yn nhalaith Rioja hefyd mae llawysgrifau tebyg sy'n profi bodolaeth gwinllannau a gweisg.

Yn ystod y cyfnod modern cynnar, roedd seidr yn rhywbeth ar gyfer dathliadau. Roedd y werin bobl yn dlawd ac yn defnyddio hynny o dir oedd gyda nhw i gynhyrchu'r bwyd angenrheidiol, neu i dyfu lemwns ac orenau i'w gwerthu.

Pan wellodd yr economi yn y ddeunawfed ganrif – hynny yw, pan oedd mwy o bobl yn ennill arian yn ogystal â gweithio ar y tir – saethu lan wnaeth y nifer o berllannau a'r casgenni o seidr, a'r arfer o'i yfed. Mae sôn am 6,000 o bibau o seidr (pipas = tua 500 litr) yn cael ei gynhyrchu yn ardal Villaviciosa. A thrwy'r ganrif ddilynol, tyfodd cariad yr Astwrwyr at eu diod brodorol, a bu gwelliannau yn y broses o'i gynhyrchu. Roedd hyn i gyd wedi ei ganolbwyntio ar Villaviciosa, hyd heddiw 'la Comarca de la Sidra'. Un peth sy'n diddorol yw bod sôn bryd hynny bod angen cael nifer o fathau gwahanol o afalau er mwyn gwneud seidr blasus.

Heddiw mae 76 o fathau yn cael eu cydnabod o fewn y DOP (Enw Tarddiad Gwarchodedig Seidr Astwrias), yn nhrefn yr wyddor o Amariega i Xuanina. Mae'r rhain yn cael eu dosbarthu yn ôl eu blas: melys, asid, neu chwerw, neu unrhyw gyfuniad o ddau o'r uchod. Mater i'r llagareru, y gwneuthurwr seidr, wedyn yw dewis pa rai mae am eu defnyddio i gael y blas sydd ei angen.

A dim ond rhan o'r seidr sy'n cael ei gynhyrchu bob blwyddyn yw'r DOP: mae pobl sy'n gweithio casgen neu ddwy mewn sied yn yr ardd yn gallu cynnwys beth bynnag sy'n apelio atyn nhw.

I rywun sy'n gweithio seidr cartref, peth pwysig ar ôl apañar – casglu'r afalau o'r llawr – yw eu cadw nhw mewn lle oeraidd a sych am fis o leiaf. Dim ond yr afalau fydd yn cael eu defnyddio yn y gegin neu'u bwyta'n amrwd fydd yn cael eu pigo o'r coed; mae afalau seidr yn cael cwympo, neu weithiau bydd pobl yn mynd â ffyn hir i siglo'r goeden i ddod â nhw i gyd i lawr.

Ni fydd neb yn dechrau gweithio ar y seidr tan fydd y tywydd wedi oeri digon. O'r blaen roedd hynny'n golygu dechrau Tachwedd ond erbyn hyn mae'n gallu bod dair wythnos yn ddiweddarach. Y peth cyntaf yw glanhau'r adeilad neu'r ystafell lle mae'r wasg a'r casgenni, y llagar. Hyd yn weddol ddiweddar, pan oedd tri neu bedwar bar ym mhob pentref a phob un yn gwneud ei seidr ei hunan, roedd pawb yn gwybod pwy oedd y rhai glân a phwy oedd yn cynhyrchu seidr gwan a gwael. Heddiw mae safonau glanweithdra llawer yn uwch, hyd yn oed yn y cartref. Golchi llawr, golchi muriau: rwyf i wedi gweld llenni o blastig trwm o dan y nenfwd ac yn gorchuddio'r welydd mewn hen sied fferm.

Bydd y casgenni wedi eu golchi gwpl o wythnosau ynghynt, ac wedi eu gadael yn llawn dŵr i'r pren amsugno'r hylif, a chwyddo, fel y bydd yr erwydd, y darnau pren sy'n gwneud y gasgen, yn tynhau yn erbyn ei gilydd ac yn gwneud yr holl beth yn ddwrglos. Nawr bydd y wasg ei hunan a'r holl offer yn cael y driniaeth. Ac yna'r afalau.

Mae gan bob fferm leol hyd y gwelaf i hen faddon haearn – os nad mwy nag un – yn y buarth neu yn y cae. Mae'r rhain yn ddelfrydol i olchi cilos o afalau, taflu digon i fewn i'r gwaelod, arllwys dŵr drostyn nhw, ac ailadrodd nes bod y faddon yn llawn. Wedyn eu gadael nhw yno tra bod y dŵr yn dianc i'r tir.

Wedyn, bydd angen sawl pâr o ddwylo. Bydd yr afalau yn cael eu hanner-stwnso, naill ai gyda phastynau (yr hen drefn) neu mewn peiriant. Dim ond wedyn y byddan nhw'n cael eu taflu i'r wasg. Mae'n gwasg ni yn un fechan, ond mae rhai o'r cymdogion yn defnyddio gwasg sy'n dalach na fi, wedi ei gwneud o lathenni trwchus o bren sy'n ffito rhwng y pedwar postyn cornel.

Bydd y sudd yn dechrau rhedeg ar unwaith, oherwydd y stwnso a dan bwysau'r ffrwyth uchaf. Dim ond afalau sy'n mynd i fewn i'r broses, a dim ond seidr, ac ychydig o weddillion afalau, fydd yno ar y diwedd.

Dyma'r 'sidra dulce', y seidr melys. Sudd afal pur. Ers y flwyddyn gyntaf rydym ni wedi bod yn ddigon lwcus i gael cymdogion fydd yn rhannu poteli o sudd afal: agor y drws ben bore a chael hen botel pop ar y trothwy, ei chlawr heb ei gau'n dynn.

Peidiwch byth â chau potel sidra dulce yn dynn. Roeddem ni wedi prynu un, mewn marchnad yn Cangas de Onis, yn ystod yr ymweliad cyntaf hwnnw, a chario'r gweddillion – hanner litr efallai – nôl ar yr awyren mewn potel ddŵr fetel ar gyfer mynydda. (Nodyn hanesyddol: bu amser pan oedd yn bosib mynd â'ch diodydd eich hunain ar awyren).Wrth aros yr ail awyren, ym maes awyr Brwsel, daeth syched arnom, ac agorodd y gŵr y botel. Ffrwydrodd y seidr dros bob man. Roedd e wedi dechrau eplesu.

Bydd y cymdogion sy'n dal i weithio seidr ar raddfa fawr – dros 1000 litr – yn gwahodd ffrindiau i helpu ar noson y mayar (stwnso'r afalau). Ar ddiwedd y noson bydd pryd o fwyd, a seidr melys – ac efallai peth o seidr y flwyddyn gynt i hybu'r achos.

Nesaf, bydd y sudd afal yn cael ei drosglwyddo, o'r llestrau sydd wedi ei ddal wrth iddo arllwys allan o'r wasg, i fewn i'r gasgen. Bydd y gasgen neu gasgenni yn gorwedd ar ei hochr, gyda'r twll aer ar i fyny. Wrth i'r alcohol ddatblygu, bydd y burum marw, o'r burum gwyllt sydd ar groen yr afal neu yn yr awyr, yn codi allan o'r twll, a bydd rhaid ei lanhau ac ychwanegu ychydig mwy o sudd nes bod y broses wedi gorffen. Casgen fach gartref, ond yr un yw'r egwyddor yn y llagares mawr: eplesu dros y gaeaf mewn casgenni.

Yn y cyfamser, rhaid gwagu'r wasg: yn yr hen ddyddiau byddai pawb yn bwydo gweddillion yr afalau i'r moch, ond ychydig sy'n cadw moch erbyn hyn. Ar y domen gompost byddwn ni'n rhoi'r gwastraff.

Yn awr daw cyfnod eithaf hir o aros i'r seidr melys droi'n seidr caled; cyfnod oeraf y flwyddyn. Nid tan fis Mawrth y flwyddyn wedyn y bydd y rhesi o boteli'n dod allan i gael eu golchi a'u llenwi. Y traddodiad yw aros tan ddydd gŵyl San Sioseff, ond yn bendant erbyn gwyliau pwysig y Pasg bydd yn barod i bawb ei flasu.

Dyma gredaf i yw prif nodwedd seidr Astwrias: arafwch yr eplesu. Hynny, a'r ffaith taw dim ond afalau sydd ynddo, dim siwgr na burum wedi eu hychwanegu, sy'n rhoi'r blas arbennig.

A phan fydd yn barod, beth nesaf? Espicha! Dyna'r arfer traddodiadol o agor y gasgen i flasu'r seidr cyn ei botelu, pan fyddai'r cymdogion yn dod rownd i leisio barn ar gynnyrch y flwyddyn. Erbyn hyn mae espichas yn digwydd drwy'r flwyddyn, er enghraifft, i ddathlu priodas neu i lansio llyfr –

math arall o ffiesta. Bur debyg bydd y seidr yn cael ei arllwys o botel yn hytrach nag o'r gasgen, ond bydd bwyd traddodiadol lleol, a cherddoriaeth werin.

Yn yr espicha byddwch yn siŵr o gael cyfle i ymarfer tywallt seidr – escanciar – os na fydd hi'n bwrw glaw wrth gwrs. Ond byddwn yn awgrymu'n garedig bod ymarfer gyda dŵr i ddechrau yn beth da; bydd llai o berygl cael seidr dros bawb a phopeth.

Mae cystadlaethau arllwys yn rhan annatod o ffiestas lleol a thaleithiol, boed yn anffurfiol ymysg ffrindiau neu ar raddfa 'record byd' fel yr un sy'n cael ei chynnal ar draeth dinas Xixón bob haf. Mae gwydrau seidr tua maint gwydr peint ond y gwydr ei hun yn denau iawn. Dylai'r seidr fwrw'r gwydr yn yr ochr, tua dwy ran o dair o'r ffordd i'r gwaelod. Fel hyn mae aer yn mynd i fewn i'r hylif ac yn ei fywiogi. Mae llyncaid o seidr tua'r un faint â mesur bach o win, neu hyd yn oed yn llai yn ôl y dewis, a llyncaid yw e: lawr mewn un, a phasio'r gwydr nôl i'r escanciador, yr arllwysydd.

Yn y trefi, mewn bar neu fwyty, bydd gwydr neilltuol i bawb. Ond yn y pentref, neu gartref, rhannu gwydr fyddwn ni.

Edrych ymlaen neu ddisgwyl yn ddiamynedd, nid oes modd brysio'r seidr; fe ddaw yn ei amser.

Ac yn y cyfamser, mae bwydydd eraill yn hawlio'n sylw. Bydd y cymdogion sy'n tyfu india-corn ar gyfer blawd eisoes wedi gwneud rhaffau ohono fydd yn gorchuddio muriau deheuol garej, sied neu horreo: stordy hen-ffasiwn, ystafell sgwâr sy'n eistedd ar ben pedwar piler, rhag y lleithder a'r llygod. Bydd carreg wastad eang rhwng pen y piler a'r horreo i rwystro'r anifeiliaid bach rhag dringo i fewn a dwyn y bwyd. Un o arferion mis Tachwedd yn yr hen amser oedd esfoyar las panoyas – glanhau'r india-corn, gan dynnu'r dail i gyd, a'u rhaffu ynghyd. Byddai pawb yn ymgasglu yn un tŷ ar ôl y llall i wneud y gwaith, yn aml gyda'r nos, ac roedd nifer o ganeuon a chwedlau yn rhan o'r arfer; llanciau a merched yn canu cwestiwn ac ateb, henwr yn adrodd hen hanes.

Mae'r afalau bord a'r cnau Ffrengig yn ddiogel yn eu storfannau erbyn canol y mis, ond mae'r ffa mawr gwyn, y fabes, yn dal i hongian wrth y planhigion yn y cae. Nawr yw'r amser i ddod â'r rheiny i'r tŷ. Os ydyn nhw'n ddigon sych, byddwn yn eu hagor ac yn cadw'r ffa mewn sachau cynfas; fel arall bydd rhaid iddyn nhw hefyd hongian ar y wal â'u gwreiddiau yn yr awyr nes bod amser yn caniatáu.

Ond y traddodiad mawr yma ym mis Tachwedd, fel yng ngogledd-orllewin Ewrop i gyd, oedd lladd y mochyn. Ni welais hwn yng Nghymru erioed: rwy'n cofio cymydog yn gwneud pan oeddwn yn fach, ond byddai Mam yn ein cau ni yn y tŷ rhag mynd i weld y peth. Yn sicr rwy'n cofio'r sgrech. Pan ddaethom ni i'r pentref, roedd pedwar teulu yn dal i ladd yr anifail gartref; erbyn hyn dim ond un sydd yn gwneud. Fydda' i ddim yn mynd i fanylion ynghylch y lladd, sy'n debyg iawn ymhobman, ond mae'r arferion sy'n perthyn iddo'n ddiddorol.

Dygwyl San Martin, yr 11 o Dachwedd, yw dechrau tymor y lladdfa. Mae'r dyddiad hwn mor gyffredinol ar hyd a lled Sbaen nes bod dywediad 'a cada cerdo le llega su Samartin', hynny yw, bydd pob drwg a wna dyn yn dod yn ôl ganwaith gwaeth.

Fel yr esfoyar, gwaith pentref cyfan neu grŵp o gymdogion yw'r lladdfa. Cyn y diwrnod mawr, bydd rhaffau wedi eu glanhau a chyllyll wedi eu miniogi. Bydd pimentón – pupur coch wedi ei sychu a'i falu'n llwch, sy'n gallu bod yn felys neu'n chiliboeth – wedi ei brynu, a wynwns a garlleg wedi eu torri'n fân iawn. Ac efallai y bydd angen prynu mwy o goluddion hallt i'w hychwanegu at y rhai ffres ar gyfer pob math o selsig a chorizo.

Erbyn heddiw, y tebygrwydd yw y bydd rhywun trwyddedig yn saethu'r mochyn yn farw ar y faen, yn lle'r hen arfer o defnyddio cyllell.

Ond yr un yw'r gwaith o gasglu pob rhan o gorff y mochyn ar gyfer ei fwyta nawr neu dros y gaeaf. Ar wahân i'r selsig, bydd pan trucu (pwdin du) sydd yn ein hardal ni yn aml yn cael ei lapio mewn dail bresych, a bydd yr organau fel yr afu yn gorfod cael eu bwyta o fewn cwpl o ddyddiau achos sdim modd eu cadw nhw. Cawl afu i bawb felly, fel arfer yn blasu'n fwy o bupur nag o gig.

Ar ôl yr holl waith o lenwi coluddion o gig selsig, gweithio pwdin du a halltu'r ham, bydd cinio mawreddog, gwledd yn wir i'r rhai sy'n hoffi bwyta lot o gig. Mae'n ormod i mi! Ar wahân i'r cawl afu, chi'n sicr o gael treip (hoff fwyd llawer o'm cyfeillion), mins sydd yn cynnwys darnau bach o arennau yn ogystal â phupur poeth, a darnau swmpus o gig fel prif blât. Bydd y bresych yno hefyd, a'r bollo preñau, sydd fel torth o fara â darnau o gig wedi eu coginio yn ei chanol wrth iddi bobi yn y ffwrn.

Gwell gen i blât arall sy'n defnyddio sawl rhan o gorff mochyn, y tro hwn gyda'r ffa mawr gwyn, sef yr enwog fabada. Mae fabada yn cynnwys braster y mochyn (tocino), chorizo, pwdin du, panceta (darn o fola'r anifail wedi ei halltu), asgwrn ham, troed a chlust. Cilo o'r cyfan, cilo o ffa mawr, yr asgwrn, pinsied o saffrwm a digon o ddŵr i orchuddio'r cyfan. Rhaid ei goginio'n araf, dros amser. Mae hwn yn un o'r platiau sy'n cael ei fwyta mewn dwy ran: y ffa a'r hylif i ddechrau, ac yna'r cig, fydd erbyn hyn yn cwympo'n ddarnau ar y llwy. Bwyd llwy, 'la comida de cuchara', yw enw'r math yma o blatiau gaeafol. Mae mynd mawr ar y glust bob amser, er nad oes llawer o flas arno.

Ac ar ôl yr holl fwyta, ar adeg pan nad oes llawer o waith yn y caeau, beth wnawn ni i gael symud dipyn? Yn ffiesta ola'r mis, San Saturnino, mewn pentref cyfagos, cynhelir chwaraeon gwledig wrth iddi nosi. Mae un yn fwy o ornest i geffylau, sydd yn gorfod tynnu car llusg yr un pwysau â nhw'u hunain o amgylch cae mwdlyd, yn aml yn y glaw a'r hanner tywyllwch. Ond ar wahân i hynny mae tynnu rhaff a chario caniau llaeth. Does neb yn defnyddio caniau llaeth rhagor, mae'r rhain wedi eu llenwi â sment ac yn drwm iawn. Mae pobl yn dod o bell i gymryd rhan, achos mae gwobrau arian sylweddol. Ac wrth gwrs, i gael y bwyd am ddim yn y babell fawr sy'n llenwi'r unig stryd ac yn cau'r heol am y noson.

Dawnsio wedyn tan yr oriau mân, yn llamu dros yr afonydd o ddŵr ar y nosweithiau gwlyb.

Gyda llaw nid yr un sant yw'r Saturnino hwn ag eglwysi Llansadwrn a Llansadyrnin Cymru. Roedd hwn yn byw yn ne Ffrainc yn y drydedd ganrif, a'n Sadwrn ni yng Nghymru yn y chweched.

Mae'r tynnu rhaff yn cymryd lle yn y bolera, y lle chwarae bolos. Mae'r gêm yn debyg i sgitls Caerdydd ond yn fwy cymhleth; a dydych chi ddim yn rhowlio'r bel ond yn ei thaflu. Gêm yr haf yw hi, gyda chystadlu rhwng pentrefi'r ardal.

Erbyn San Saturnino fel arfer bydd yr hydref wedi dod i ben, ond y gaeaf heb gyrraedd ei anterth. Ambell i fore byddwn yn dal i gael ein dihuno gan wynt cryf o'r de, y gwynt sychwr gwallt yw'n henw ni arno. Yn sych ac yn dwym, yn syth o Affrica: cyffyrddiad bach hafaidd fydd yn aros yn y cof drwy'r hirlwm sydd i ddod.

Rhagfyr

Mis Rhagfyr, mis y dyddiau byrion. Yn Astwrias, mae'n dechrau gyda dau ddydd gŵyl cenedlaethol, sy'n golygu gwaith i bobl y barau a'r tai bwyta a'r gwestyau. Dim digon o waith i'r rhan fwyaf gael swydd llawn amser, rownd y flwyddyn, ond yn ddymunol iawn cyn y Nadolig a Gŵyl yr Ystwyll. Mae'r ddau yn dangos rhwyg tragwyddol cymdeithas Sbaen: un yn grefyddol a'r llall yn dathlu'r wladwriaeth. Gŵyl y Cyfansoddiad sydd ar y 6ed, a Gŵyl Beichiogi Dilychwyn y Forwyn Fair ar yr 8fed o Ragfyr.

Gwyn fyd yr ymwelwyr pan fydd un o'r rhain ar ddiwrnod penwythnos, achos mae llawer yn cymryd y 7fed yn ei le, ac yn gwneud puente, pont – gwyliau bach hyfryd iawn. Mae hyd yn oed yn bosib codi acueducto – pont ddŵr – wrth ddefnyddio dau ddiwrnod gwaith neu benwythnos yn ddoeth. Bydd y sawl sydd ddim yn teithio oddi cartref yn tyrru i'r canolfannau siopa i wneud ei holl siopa Nadolig mewn deuddydd. Achos dyw gweithwyr siopau, na thrafnidiaeth, na'r diwydiant croeso, ddim yn cael aros gartref.

Bydd y ffermwyr hefyd yn dal yn brysur. Rhaid gofalu am yr anifeiliaid sy'n dal i bori yn y caeau, a'r caeau eu hunain o ran hynny os bydd angen trwsio terfyn. Ychydig iawn sy'n godro yn yr ardal hon bellach, ond mae ffatri gaws mewn pentref cyfagos, sy'n prynu llaeth yr ychydig rai. Anifeiliaid at y ford yw'r rhan fwyaf o'r gwartheg a welir yn y caeau bach.

Erbyn dechrau mis Rhagfyr bydd y seidr cartref yn gorffwys yn y gasgen, lle bydd yn aros am dri mis neu bedwar i aeddfedu. Bydd y tato a'r ffa a'r holl lysiau cadw, ynghyd â'r cnau Ffrengig, yn gorwedd yn eu mannau dewisedig o fewn y tŷ neu yn y sied.

Gan ein bod ni o fewn dau gilometr i'r môr ac o dan 50m yn uwch nag ef, anaml iawn y bydd rhew, ac yn sicr nid ym mis Rhagfyr, a phan ddaw e, dim ond yn yr awyr ac ar y glaswellt. Fydd y pridd byth yn rhewi'n galed fel rwy'n ei gofio yng ngardd fy mam.

Seidr yw diod Astwrias

Mae hynny'n golygu y bydd y bresych o bob math – yr ysgewyll, y blodfresych, y brocoli piws a gwyn, a'r cavalo nero tywyll o'r Eidal – yn dal i dyfu ac nid yn mynd yn grin. Ychydig fydd yn barod erbyn y Nadolig, dim ond y cavalo nero a phennau'r ysgewyll, ond bydd angen y gweddill yn ystod tywydd gwael dechrau'r flwyddyn.

Mae cennin yno hefyd, a moron, a betys. Maen nhw hefyd yn aros lle maen nhw tan fydd eu hangen. Dim ond mynd i'w palu nhw, eu golchi a'u paratoi. Rhywbeth nad oeddem ni wir wedi ei ddeall cyn gwneud hyn: gymaint o amser sydd ei angen i lanhau a pharatoi llysiau o'r ardd. Bydd bob amser smotiau bach duon, neu olion bywyd gwyllt, nad oes neb eisiau eu gweld ar ei blât. Byddaf yn eu golchi nhw mewn bwced ar y teras gyntaf, rhag ofn bod rhywbeth yn dal i fyw yn y dail, ac yn taflu'r darnau drwg, sych, neu bwdr i fwced arall i fynd at y domen gompost.

Wedyn i fewn i wres y gegin, a'u golchi eto, ac yn fwy trwyadl y tro hwn, nes eu bod nhw'n barod at goginio.

Os bydd rhaid codi betys neu foron o flaen llaw, e.e. os bydd storom ar ei ffordd a ninnau ddim eisiau mentro draw i'r cae, fyddwn ni ddim yn eu golchi, dim ond brwsio'r gwaethaf i ffwrdd a'u gadael yn y sied lle na all y llygod eu cyrraedd nhw.

A weithiau, yn dibynnu ar y tywydd, bydd calennig yn ein haros pan ddown yn ôl o dreulio Nadolig yng Nghymru. Os bydd tomatos yn dal ar y llwyn, a heb aeddfedu'n goch, byddwn yn eu gadael yno. Ac er y bydd y planhigyn ar ddarfod, mae'n bosib y bydd casgliad o emau coch yn disgleirio uwchben y baw a'r tyfiant sydd wedi pydru. Un flwyddyn pigais i dros gilo o domatos da ar y 29ain o Ragfyr.

Rhagfyr hefyd yw dechrau tymor yr orenau. Mae lemwns i gael rownd y flwyddyn, ond rhwng y Nadolig a'r Pasg yw amser eu cefndryd sitrig. Dwy goeden mandarina sydd gyda ni, a dwy arall sy'n dwyn orenau mawr melys. Er eu bod yn weddol ifanc, llai na phymtheg oed, rydym yn cael digon at y ford, ac i wasgu sudd i frecwast, ac i wneud sorbe i'w gadw at yr haf. Byddaf yn defnyddio'r croen mewn teisennau a phlatiau cig fel ei gilydd, ac yn ei sychu hefyd. Gan nad ydym yn chwistrellu dim, nac wrth gwrs yn taenu gwêr dros y ffrwyth er mwyn ei gadw, mae'n hollol fwytadwy. Yn ei blynyddoedd cynnar, ni fydd coeden oren yn cynhyrchu llawer o ffrwyth: ond bob amser digon o flodau, gan fwyaf ym mis Ebrill a mis Mai. A'u persawr! Yn Sbaeneg mae gair neilltuol, azahar, ar gyfer persawr yr oren, sy'n felys ac yn gorwedd yn dew ar yr awyr, yn hudo gwenyn a phobl fel ei gilydd. Bron i hala llewyg ar rywun a dweud y gwir.

Ond y ffrwythau lliwgar sy'n disgleirio ar ddiwrnodau llwyd Rhagfyr, fel coed Nadolig naturiol.

Daw dyddiau disglair heulog yn eu tro, a chyfle i fynd i'r mynyddoedd a'u gweld nhw yn gwisgo mantell trwchus o eira. Bydd y rhannau uchaf (2,000m a mwy) o dan eira am fisoedd, ond yn aml mae'n bosib cyrraedd Llynnoedd Covadonga, sydd tua'r un uchder â chopa'r Wyddfa, a dim ond ychydig o'r stwff gwyn ar lawr. Dau lyn sydd, ond os bydd hi'n bwrw glaw neu eira'n drwm, a heb rewi'n gorn, bydd trydydd yn ymddangos ar waelod rhaeadr sy'n cael ei eni o'r newydd bob blwyddyn.

Bydd y da byw wrth gwrs yn ddiogel yn eu caeau a'u beudai i lawr yn y pentrefi, ond mae digon o anifeiliaid gwyllt yn byw yno: os na welwch chi'r creaduriaid fe welwch chi eu holion. Annhebyg iawn iawn y gwelwch chi arth. Mae ychydig ohonyn nhw yn y rhan ddwyreiniol hon o Astwrias, ond mae'r rhan fwyaf 150km i'r gorllewin. A'r amser yma o'r flwyddyn, mae nhw yn eu hogofâu yng nghanol misoedd y gaeafgwsg.

Ac annhebyg y gwelwch chi flaidd: mae'n gas ganddynt fod yn agos at bobl, a gwell ganddynt fynd i hela liw nos.

Ond bydd y gafrewig, rebeco, allan yn chwilio am borfa, neu'n cuddio yn y coedwigoedd. Nid wyf erioed wedi llwyddo i fynd yn agos atyn nhw, achos unwaith maent yn gwynto pobl maen nhw'n ffoi'n rhyfeddol o gyflym, rhyw fath o redeg/adlamu, i fyny llethrau creigiog serth lle nad oes gobaith eu dilyn.

Mae llawer o drigolion anifeilaidd y mynyddoedd yn cysgodi rhwng y coed yn ystod y gaeaf. Y baedd gwyllt, er enghraifft, yn gorwedd mewn pantau: hawdd dod ar eu traws yn ddiymwybod, ond rhedeg i ffwrdd fydd y baeddod hefyd. Bydd eu hôl nhw ar y borfa pa bynnag amser o'r flwyddyn yr ewch chi: maen nhw'n twrio wrth chwilio am wreiddiau i'w bwyta, ac mae cymaint ohonyn nhw erbyn hyn nes eu bod wedi ymledaenu i ardaloedd mwy poblog. Mae gweld ôl baedd ar y lawnt neu yng nghanol y lluarth yn dorcalonnus.

Mae'r bleiddiaid yn hela'r baedd, yn enwedig nawr pan fydd yr anifeiliaid fferm wedi gadael y mynydd. Ac mae dynion (wel bron i gyd yn ddynion) yn hela'r baedd hefyd.

Hela â dryll. Rhywbeth nad oeddwn yn gyfarwydd ag e yn fy rhan i o Gymru, ond fan hyn yn eithaf poblogaidd. Bydd rhai yn hela'r cadno, cwningod, neu adar, tra bod eraill yn mynd ar ôl ceirw neu faeddod. Yn gyntaf, rhaid cael gwn trwyddedig, a phasio arholiad er mwyn cael trwydded hela. Ac yna, oni bai eich bod yn meddu ar lawer o dir agored, gwneud cais am yr hawl i hela mewn man arbennig.

Bydd swyddog cefn gwlad yn mynd gyda chi, bydd y cŵn mewn cewyll yn y ceir, a bant â chi i'r maes hela penodedig. Mae llawer o'r rheiny'n perthyn i lywodraeth Astwrias, a bydd yr hawliau i hela yno ar ddiwrnodiau neilltuol yn cael eu tynnu – efallai ddim o het y dyddiau yma, ond yn sicr ar hap. Mae rhai pobl mor awyddus i ennill, mae un cyngor mynyddig wedi cwyno bod pobl yn defnyddio'u tai haf er mwyn cofrestru fel etholwyr yn yr ardal cyn y tynnu, ac yna'n newid yn ôl wedyn.

Llym iawn yw'r rheolau ynglŷn â gwerthu cig yr hela. Trwydded 'sbort' sydd gan yr helwyr, nid un busnes. Ond mae eithriadau: gellir gwerthu i siopau cigyddion neu i wneuthurwyr chorizos yn ardal yr helfa, neu gellir mynd â'r helgig mawr (carw neu faedd) i ganolfannau swyddogol i'w brofi a'i baratoi ar gyfer gwerthu. Yn y naill achos a'r llall, rhaid cael milfeddyg i wneud y profion er mwyn cael gwybod bod yr anifail yn iach cyn cael ei ladd, a'i fod wedi ei drin mewn ffordd sy'n diogelu iechyd y sawl fydd yn y pendraw yn ei fwyta.

Herwhelwyr? Oes, a phobl sy'n gwerthu helgig sydd wedi ei ladd yn gyfreithlon ond heb ei brofi gan filfeddyg. Y dyn dieithr sy'n dechrau sgwrs gyda ni yn y bar, gan gymryd na fydd estroniaid yn swyddogion heddlu, neu'r cefnder i ryw gymydog sydd yn digwydd bod yn yr ardal.

Ond y stori fwyaf cyfrwys a glywais erioed yw hanes y glowyr ym mhyllau bach ben ucha'r cymoedd fyddai'n cadw buwch neu ddwy hefyd. Ar noson oer o aeaf byddent yn gadael drws y beudy'n gilagored rhag ofn y byddai carw'n dod i mewn yn chwilio am gysgod. Âi'r creadur fyth allan eto.

Ond wedi dweud hyn i gyd, nid helgig, nac unrhyw fath o gig, sy'n bwysig ar gyfer y Nadolig. Pysgod neu fwyd môr amdani bois!

A bydd y teulu yn eistedd i lawr i fwyta'r pryd mwyaf, nid ganol dydd ar y 25ain, ond gyda'r nos ar y 24ain, noswyl Nadolig. Bydd arian mawr wedi cael ei wario ar y pysgod: pan fyddwch chi'n byw ar lan y môr, chi'n gwneud ymdrech i gael pysgod o'r môr hwnnw i'r wledd, a bydd prisiau ocsiwn ym mhorthladdoedd bach Astwrias yn codi cymaint â 40% yn y diwrnodau olaf, yn enwedig os yw'r tywydd wedi bod yn wael. Fel arfer mae cychod pysgota yn dychwelyd i'w porthladd cartref er mwyn gwerthu, ond mae rhai rulas – ocsiynau – yn cael enw am fod yn fwy proffidiol. Un o'r rheina yw Llanes, ddim yn bell o'r pentref. Mae unigolion yn cael mynd yno a chynnig, ond mae i gyd yn gyflym iawn ac efallai mai cyngor gwell yw aros tan y diwedd a gweld beth sydd ar ôl. Gadewch i'r pysgodwerthwyr a'r bwytai dalu am yr enghreifftiau gorau eu hymddangosiad. Ychydig o'r bwyd môr mawr, y crancod a'r cimychiaid, sy'n dod o Fôr y Cantabrico erbyn hyn; mae cymaint o alw amdano, mae'n cael ei fewnforio o Iwerddon a'r Alban.

Mae Nadolig, yn ôl yr arfer Americanaidd, yn awr yn dechrau cyn mis Rhagfyr. Bydd yr archfarchnadoedd wedi symud cynhwysion llai poblogaidd er mwyn gwneud lle i resi o silffoedd o losin, cnau, a phob math o fyrbrydau. Bydd y fersiwn grefft o bob un ar gael yn y siopau drutach, neu ar stondinau'r farchnad. Pethau fel turrón – past o fêl, wyau, siwgr ac almwns. Ddim yn annhebyg i nougat (nygit, fel y byddem ni'n dweud pan oeddwn yn blentyn). Turrón Alicante yn galed, a'r almwns yn gyfan, turrón Jijona yn feddal, yr almwns wedi'u malu fel bod peth o'u holew yn cael ei ryddhau. Bydd olew wastad yn dianc o'r math yma o turrón, peidiwch â phoeni, mae'n hollol naturiol. Credir bod y rysáit gwreiddiol wedi dod i'r Penrhyn Iberaidd gyda'r Mwriaid, ond roedd y Rhufeiniaid hefyd yn bwyta melysion tebyg.

Pan de Cádiz wedyn, sydd yn cael ei roi yn yr un dosbarth o bethau melys ond sy'n wahanol iawn. Past eto, y tro hwn ar ffurf torth yn hytrach na llechen, ac wedi ei gynhyrchu o marzipan a ffrwythau wedi eu melysu. Dim ond 70 mlynedd yn ôl y crëwyd y pan de Cádiz; does ganddo ddim hanes mileniwm fel y turrón. Ac i orffen y categori hwn, yr holl gasgliad o turróns arbennig: rhai gyda siocled, eraill gyda reis, rhai heb siwgr. A siarad yn bersonol mae un darn bach o turrón Jijona yn ddigon i mi.

Well gen i rywbeth bach mwy cartrefol, sydd hefyd yn draddodiadol: *dulce de membrillo*, past neu danteithion *clesin*. Mae ffrwythau mawr croenfelyn y clesin neu'r cwins yn rhy galed ac yn rhy sur i'w bwyta'n amrwd. Ond o'u berwi gyda siwgr rydym yn cael llechen o felysbeth coch sy'n cadw am fisoedd yn yr oergell.

Mae'r rysait hwn yn rhoi dau beth melys: jeli, a melysbeth.

Cynhwysion:
2kg clesin, 2 lemwn, 1.5kg siwgr gwyn, dŵr rhosod (dewis personol)

Torri croen y clesin, gwaredu'r canol a'u torri'n ddarnau 2-3cm. Torri croen y lemwns a gwasgu eu sudd. Rhoi'r cwbl mewn sosban fawr gyda dŵr yn eu gorchuddio. Berwi, a gadael ar dân isel am awr.
Nawr rhaid hidlo fe drwy fwslin. Mae angen rhywle tawel achos mae'n cymryd oriau.
Bydd y ffrwyth sydd yn y lliain yn gwneud y melysbeth. Mae'r hylif yn mynd nôl i'r sosban ar ôl ei fesur. Ychwanegu 750g o siwgr i bob liter o hylif. Ei dwymo nes bydd y siwgr wedi diflannu, wedyn ei ferwi nes ei fod yn barod – 104° os oes thermomedr jam i'w gael.
Symud y sosban o'r tân ac ychwanegu 2 lwyaid fawr o ddŵr rhosod.
Llenwi'r jariau yn y modd arferol.
Nôl at y ffrwyth. Rhaid ei stwnso i wneud past, ei bwyso, ac ychwanegu 75g o siwgr i bob 100g.
I fewn i'r sosban, a'i goginio am ryw 4 munud, gan ei droi'n barhaol.
Rhybudd! Bydd yn poeri, a bydd yn dwym iawn.

Pan fydd y llwy yn gadael llwybr wrth ei dynnu drwy'r cymysgedd, troi'r cwbl i dun wedi ei leinio â phapur. Gadael iddo oeri.

Mae darn bach yn mynd yn dda iawn gyda chaws. Neu ar ei ben ei hun...

Prif addurn y Nadolig yw'r preseb, y belén (Bethlehem). Mae rhai pobl yn prynu coeden, ond mae presebau yn hollbresennol. Yn y tai, mewn barau, yn yr eglwysi, yn sgwâr y dref – mae yna hyd yn oed glybiau mynydda a seiclo sy'n mynd â'u preseb i gopa eu hoff fynydd a'i adael yno. Ac mae pobl yn cymryd amser drostyn nhw, yn casglu modelau cymeriadau pren neu seramig dros y blynyddoedd, yn adeiladu modelau o stryd Bethlehem, neu olygfa sy'n cynnwys tirwedd anialwch i'r bugeiliaid a'r anifeiliaid. Mae'n bosib prynu cefnlen papur wedi ei baentio'n barod gyda chreigiau, bythynnod bach, llwyni sych a sêr yn y nen.

Ac yna'r cymeriadau. Bydd pawb ond un yn eu lle rai dyddiau ynghynt, ond ar noswyl Nadolig y rhoddir y baban Iesu yn ei grud. Ar wahân iddo fe, a Mair a Ioseff, a'r bugeiliaid, a'r anifeiliaid, mae llond tref o ffigyrau bach y gellir eu hychwanegu, yn aml wedi eu gwisgo'n hanesyddol, efallai o'r cyfnod pan ddaeth y belén i fri. Pobl sy'n cynrychioli swyddi ydyn nhw, ac mae'n debyg y byddai'r rhan fwyaf wedi bodoli ym Methlehem ddwy fil o flynyddoedd yn ôl hefyd. Y crochenydd, y gwerthwr dŵr, y pobydd, y casglwr coed, y saer (un arall!), hyd yn oed y dynion yn troedio'r grawnwin, o gofio bod gwin yn cael ei gynhyrchu yn ardal yr Iorddonen a bod digon o sôn amdano yn y Beibl.

Yng Nghatalwnia mae ganddynt un ffigwr sydd wedi dod yn boblogaidd iawn drwy Sbaen: y caganer, y cachwr. Mae hwn yn llythrennol wrthi'n cachu yn y cae. Does neb yn siŵr iawn o'i darddiad, ond y gred yw iddo ddod â lwc dda drwy ffrwythloni'r tir! Bob blwyddyn mae cachwyr newydd ar werth, gyda wynebau pobl amlwg: yn amrywio o chwaraewyr pêl-droed fel Lionel Messi, i Vladimir Putin a Nelson Mandela.

Wedyn daw'r angylion o bob maint, sawl math o ddofednod, cŵn a cheffylau yn ogystal â'r preiddiau traddodiadol. Yn amlwg rhaid casglu ffigyrau i breseb y cartref, fyddai neb yn gallu fforddio prynu rhain i gyd mewn blwyddyn.

Mae presebau'r trefi bach wedi dod yn arf arall yn y frwydr i ddenu ymwelwyr ym mis Rhagfyr. Mae pobl fusnes lleol wrth eu bodd pan fydd crefftwr yn cynnig gwneud un i'r sgwâr. Un flwyddyn roedd un yn Luarca, yng ngorllewin Astwrias, oedd yn 60m², a'r gŵr a'i creodd wedi treulio misoedd yn astudio hanes a phensaernïaeth Palesteina'r cyfnod cyn adeiladu ei bentref o hen flychau cardfwrdd, plastr a phaent.

Tan yn ddiweddar iawn, doedd Siôn Corn, neu Papa Noël, ddim yn enw adnabyddus ymysg plant Sbaen. Y doethion, sydd yma'n dwyn yr enw los Reyes, y Brenhinoedd, oedd yn ymweld â nhw yn yr un modd a'u hymweliad â'r preseb ym Methlehem. Ond mae'r byd Eingl-Americanaidd a'i draddodiadau masnachol wedi cyrraedd nawr, a bydd plant fy ffrindiau fel arfer yn cael anrhegion ddwywaith – Dydd Nadolig, a Dydd yr Ystwyll, y 6ed o Ionawr, sy'n cloi gŵyl eglwysig y Nadolig. Fel arfer bydd presantau'r Nadolig yn llai, y math o bethau fyddai rhywun yng Nghymru efallai yn eu rhoi mewn hosan. Ar ôl y Nadolig, pan fydd y sêls i gyd ymlaen, bydd yr anrhegion mawr yn cael eu prynu. Mae Gŵyl San Steffan yn Sbaen, gyda llaw, yn ddiwrnod gwaith cyffredin – ar wahân i athrawon a'r bobl sydd wedi llwyddo i adeiladu pont o wyliau. Efallai y byddan nhw'n achub ar y cyfle i fynd â'r plant i'r mynyddoedd i weld rhai o'r presebau mwy cyraeddadwy, yn enwedig yn ardal y Llynnoedd.

Go brin y bydd neb yn meddwl am y cyndeidiau oedd yn tyllu am fwynau yn yr ucheldiroedd hynny beth bynnag fyddai'r tywydd. Roedden nhw yno nôl yn Oes yr Efydd, 4,000 o flynyddoedd cyn ein hamser ni, ar yr un pryd ag yr oedd eu cyd-fwynwyr yng Nghymru yn tyllu am gopr o dan Ben y Gogarth a Mynydd Trysglwyn (Parys wedyn). Mae un pwll, i'r dwyrain o'r llynnoedd, lle darganfuwyd nid yn unig olion yr hen waith ond sgerbydau dynol, a pheth o'u hoffer, wedi eu gwneud o gyrn carw neu gerrig arbennig. Yn anffodus, ar yr un pryd, tua chanol y 19eg ganrif, darganfuwyd bod digonedd o gopr yn dal i fod yno, ac ar ôl i'r hynafiaethwyr fynd â'r esgyrn a'r gwrthrychau oddi yno, dechreuwyd cloddio unwaith eto a dinistrio olion y gwaith cynhanes yn gyfangwbl. Tramorwyr oedd yn ysgogi lot o'r gwaith, pobl o Wlad Belg, o Ffrainc ac o Loegr. Mae ambell i enw fel Arthur Jones yn awgrymu bod Cymry wedi bod yno hefyd, ond hyd yn hyn nid wyf wedi canfod dim mwy amdano.

Dyma ddechrau oes aur cloddio yn y Picos, ond nid aur oedd yno: copr, peth arian, digon o haearn a manganîs, sinc (neu yn hytrach calamin, mwyn sy'n cynnwys sinc) a phlwm. Ymddangosodd ffyrdd newydd (llwybrau hyfryd eu dilyn heddiw) i'r certi oedd yn cario'r mwyn i lawr y cymoedd – yn La Buferrera ar lan y Llynnoedd roedd rhaffordd awyr yn mynd ag ef i lawr hyd at yr eglwys fawr yn Covadonga, ac yna rheilffordd i'r arfordir. Daeth y rheilffordd yn ffefryn gan dwristiaid y cyfnod, oedd yn gallu dod o ddinasoedd Astwrias neu o Wlad y Basg – yn bennaf i weld yr eglwys, oedd wedi dod yn sumbol o Sbaen. Yma yn ôl yr hanes methodd y Mwriaid am y tro cyntaf, mewn brwydr yn y nawfed ganrif yn erbyn brenin Astwrias, Pelayo. I genedlaetholwyr Sbaenaidd, mae'n lle da i atgoffa pobl am undod y genedl.

Tan ddiwedd y Rhyfel Byd Cyntaf, ac yn fwy diweddar mewn rhai mannau, aeth y diwydiant yn ei flaen yn llewyrchus. Roedd e hefyd yn gwneud llawer o ddifrod i'r amgylchedd. Diflannodd dŵr llyn cyfan ym Mynydd Andara yn y dwyrain ar ôl i'r mwynwyr torri drwy'i waelod ac agor twll yn y garreg galch. Flwyddyn neu ddwy yn ôl cynhaliwyd prosiect i astudio sut i adfer y llyn, ond yn ôl yr adroddiad byddai'r gwaith yn rhy ddrud.

Aeth y cloddio yn y mynyddoedd ymlaen tan y 1970au; roedd diwedd yr unbennaeth ar ôl marwolaeth Franco yn hwb i drawsnewid ffordd o feddwl am yr amgylchedd yn ogystal â chymdeithas. Ond mae'r Picos de Europa yn dal yn weithle i'r ffermwyr a'r bugeiliaid, a dadleuon ffyrnig rhyngddyn nhw a'r ecolegwyr am yr anifeiliaid mawr: y baeddod oherwydd y difrod i'r porfeydd, ac yn bennaf y bleiddiaid am ladd da byw. Dadl tri chornel yw hi bob blwyddyn: bugeiliaid, ecolegwyr a llywodraeth Astwrias yn ceisio dod i gytundeb.

Roedd llawer o'r mwynau'n cael eu hallforio o borthladd bach Ribadesella; wrth sefyll yno ar y cei, rydych mewn safle lle roedd copr yn cael ei lwytho, copr oedd wedi dod o'r union byllau a weithiwyd 4,000 o flynyddoedd yn ôl.

Mewn gwirionedd mae'n beth da fy mod wedi fy ngeni yn yr oes sydd ohoni: gyda'r llygaid meiopig sydd gen i fyddwn i ddim wedi byw'n hir ym myd yr eirth a'r bleiddiaid. Heddiw, mae pobl Astwrias yn gallu dibynnu ar rwydwaith o ganolfannau iechyd ac ysbytai. Mae trefn y gwasanaeth iechyd yma yn wahanol i beth sy'n gyfarwydd yng Nghymru: y rhanbarth sy'n rhedeg y canolfannau iechyd lleol ac yn cyflogi meddygon a staff eraill. Hyd yn oed mewn tref fach fel Posada gyda llai na 2,000 o boblogaeth, mae meddyg ar alw yn y ganolfan 24 awr y dydd.

Yr unig dro bu'n rhaid i mi fynd i'r ysbyty pan gefais haint ar un llygad, es i ati i baratoi geirfa i ddisgrifio'r holl beth, a phan gerddais i fewn siaradodd y meddyg yn Saesneg gydag acen Dulyn, wedi bod yn gweithio yno am sawl blwyddyn! Sgwrs ddwyieithog gawsom ni wedyn.

A dydw i ddim chwaith yn gorfod mynd â'r dillad i'r afon i'w golchi, na threulio oriau yn torri coed tân ac yn berwi dŵr. Mae mwy nag un gymdoges wedi dweud hanes yr olchfa lawr wrth ochr y felin. Cafodd peth o ddŵr yr afon ei ddargyfeirio fel ei fod e'n llifo drwy gafn tebyg i'r rhai mae gwartheg yn yfed ohonynt. Mae lavaderos tebyg i'w gweld yn y rhan fwyaf o'r pentrefi, ond neb yn eu defnyddio nawr. Yn y dŵr oer hwn, gyda sebon caled neu hebddo, byddent yn golchi holl ddillad y teulu, a hynny mewn cyfnod pan oedd llawer mwy o blant ym mhob cartref. Wedyn yn estyn y cwbl ar lwyni i sychu. Meddyliwch faint o amser roedd hyn yn ei gymryd, a'r fam hefyd yn gorfod gweithio yn y cae a pharatoi pryd mawr erbyn amser cinio. Rwy'n siŵr bod llai o ddillad glân yn ystod y gaeaf! Unwaith y flwyddyn, pan ddeuai'r gwanwyn, roedd rhaid cymryd y matresi llawn gwlân, eu hagor, a golchi nid yn unig y sach ond y gwlân hefyd.

Byddaf yn meddwl amdanynt weithiau ar ddiwrnod oer pan fydd rhaid cyflawni rhyw dasg yn yr ardd, ac yn teimlo diolchgarwch mawr.

Un o'r pethau y byddwn i yn ceisio eu gwneud cyn cyfnod oeraf y gaeaf yw lledu deilbridd ar y gwelyau blodau, ac mewn unrhyw fan lle mae angen gwella tipyn ar y pridd. Mae'r gwaith trwm eisoes wedi ei wneud: casglu'r tomenni mawr o ddeiliach sy'n cwympo o'r coed ffrwythau ac yn enwedig y coed cnau Ffrengig. Maen nhw'n disgyn ym mhobman, ar hyd y 'lawnt', dros y pafin, bob ochr i'r heol; byddaf yn gadael y rhai sy'n cwympo yn y cae. Dyw'r cyngor ddim yn clirio'r dail o heolydd bach gwledig, felly mae'n well i ni'i wneud e er mwyn cerdded neu yrru ar eu hyd yn fwy diogel.

Byddaf yn cadw'r dail yn y sachau mawr sydd gan

adeiladwyr i gario tywod a phethau tebyg; mae'n cymryd o leiaf blwyddyn ac efallai dwy iddyn nhw bydru, ond mae'r pridd tywyll melys ei arogl sy'n dod ohonynt yn werth aros amdano. Pwrpas y deilbridd yw gwella cyflwr y pridd cynhenid; dyw e ddim yn maethloni'r planhigion yn uniongyrchol, ond mae'n gwneud cartref mwy deniadol i bob math o ffwng a bacteria fydd yn eu tro yn helpu'r tyfiant. Mae hefyd yn gallu diogelu pethau fel y dahlias drwy'r gaeaf: byddaf yn pentyrru o leiaf 10cm ohono ar eu gwely nhw rhag ofn glaw mawr neu rew. Ac ar ben hynny, mae'n edrych yn wych, oherwydd ei dywyllwch unffurf. Mae gweld blodau yn erbyn pridd tywyll yn codi'r galon unrhyw adeg o'r flwyddyn ac yn gwneud argraff ar ymwelwyr.

Mae'r wythnos rhwng y Nadolig a'r Calan yn amser rhyfedd, lle bynnag ydych chi. Anodd gwybod beth sydd ar agor a beth sydd ar gau. Amser weithio'n cropian ac yn sydyn yn carlamu tua diwedd y flwyddyn. Y flwyddyn gyntaf, pan oeddem ni'n dal i ddod yma ar wyliau'n unig, roeddem ni wedi archebu dau beiriant newydd i'r gegin, un i olchi dillad a'r llall i olchi llestri – roedd yn amlwg yn barod y byddem ni'n gwneud llawer mwy o goginio fan hyn.

Popeth yn iawn, medden nhw yn y siop, down ni â nhw ar y 30ain o Ragfyr, yn y bore. Dim rhaid talu nawr, talwch pan fyddwch chi wedi'u derbyn nhw.

Ac felly y bu. Roeddem ni wedi cyrraedd yn hwyr y noson gynt ar ôl hedfan i Bilbo, a phrin yr oeddem ni wedi cael brecwast pan ddaeth cnoc ar y drws. I fewn â nhw, ac eto, gwrthod cymryd arian, 'talwch chi'r tro nesa fyddwch chi'n pasio heibio'r siop'.

Yr un flwyddyn, roeddem ni wedi archebu bord uchel, fel mainc i weithio yn hytrach na rhywle i gael bwyd, gan saer oedd yn byw yn y pentref. Felly'r peth nesaf ar ôl edmygu'r blychau dur gwyn oedd cerdded lawr y lôn, croesi'r rheilffordd ac i fewn i weithdy'r saer. Roedd ei labrwr wrthi'n llosgi gweddillion pren yn yr iard a doedd e ei hunan ddim yno, ond roedd y ford yn barod inni. Eto, dim talu. Cario'r ford (drom) yr holl ffordd adref i lawr y llwybr, gwynt y mwg yn ein ffroenau o hyd, i wneud y gegin yn barod at y flwyddyn, a'r bywyd, newydd.

Dyna lle'r oeddem ni felly, mewn ardal lle roedd yn rhaid inni ddysgu iaith newydd, a hynny'n gyflym ac yn gywir. Roedd un cwpl o gymdogion yn siarad Ffrangeg, wedi byw am amser hir ym Mrwsel, ond roedd pawb arall yn siarad Sbaeneg (Castellano, yr iaith swyddogol dros Sbaen gyfan) ac Astwreg, sy'n iaith o'r un teulu Iberaidd. Tarddle rhain i gyd oedd y ffordd y dirywiodd Lladin yn rhanbarthol ar ôl cwymp ymerodraeth Rhufain. Mae'r Astwreg, neu'r astur-leonés, i'w glywed mewn ardal sy'n cyfateb fwy neu lai i hen frenhiniaeth Astwrias, a alwyd wedyn yn frenhiniaeth León. Pan fyddwn ni, er enghraifft, yn mynd i'r Bierzo yn nhalaith León i brynu gwin, does dim problem deall pobl yn siarad. Mae ymgyrch nawr i gael statws cyd-swyddogol iddi, fel sydd gan ieithoedd Catalwnia, Gwlad y Basg a Galisia o fewn eu tiroedd, ond hyd yn ddiweddar roedd yn cael ei dibrisio'n llwyr, a phobl yn rhoi'r enw 'bable' arni.

Dechrau gyda'r Sbaeneg wnaethom ni, achos roedd llawer o'r pethau rhaid-eu-gwneud yn ymwneud â chyrff y llywodraeth a chwmnïau mawr ynni ac yn y blaen. Dim bable yno! Y fantais fawr wrth gwrs oedd ein bod eisoes yn ddwy-, neu yn fy achos i dair-, ieithog. Es i ddosbarthiadau nos yn ystod y broses o brynu'r tŷ, digon i gael synnwyr cyffredinol am sut roedd pethau'n gweithio, ac yna: ymarfer.

Roeddwn yn cael sgwrs gyda phawb wnes i gwrdd â nhw; yn ffodus, roedd y cymdogion a phobl y siopau a'r farchnad yn awyddus i wybod mwy amdanom ni, a phawb fan hyn yn hoff iawn o glebran. Byddai gofyn cwestiwn, yn enwedig gofyn am eglurhad ar rywbeth, yn dechrau sgwrs – a dadl, yn aml – rhwng pawb oedd yno. A dyma fi nawr ar ganol gyfieithu'r llyfr hwn i'r Sbaeneg!

Ionawr

Mae'n Nos Galan, ac mae'n ddeng munud i hanner nos. Mewn cartrefi a thai bwyta ledled Sbaen mae pobl wrth y ford. Mae sŵn byddarol y clebran wedi distewi rywfaint, a hynny am fod pawb wrthi'n tynnu plisgyn dwsin o rawnwin, sydd wedi cael eu dosbarthu i bob un yn unigol. Bydd rhai hyd yn oed yn tynnu'r hadau.

Mae bwyta dwsin o rawnwin, yn unol â phob curiad o'r gloch wrth iddi daro deuddeg, yn draddodiad sydd i fod i ddwyn lwc dda yn y flwyddyn i ddod. Ac os byddi di'n ceisio gwneud hynny gyda grawnwin cyfan yn eu plisg, go brin y byddi di wedi gorffen pan eith y gloch yn dawel. (Siarad o brofiad!)

Y cinio, erbyn hyn, yw traddodiad mwyaf cyffredin Nos Galan. Rhywbeth nad oeddem ni wedi ei ddeall o gwbl pan oeddem ni'n dechrau dod i adnabod yr ardal a'r cymdogion. Am rai blynyddoedd doedd dim bar yn ein pentre ni, dim man cyfarfod i wneud ffrindiau na gofyn cyngor. Felly doedd e ddim yn amlwg beth fyddai'n digwydd i groesawu'r flwyddyn newydd. Ein penderfyniad oedd mynd i'r dref agosaf, Ribadesella, cael lle i aros dros nos a mynd o amgylch i weld beth oedd yn digwydd.

Dim byd o gwbl, oedd yr ateb. Ar ôl inni lwyddo i gael bwyd mewn bar oedd ar fin cau er mwyn cael eu cinio teuluol, buom yn crwydro'r strydoedd am dipyn yn chwilio am unrhyw fan arall oedd ar agor. Llyncaid mewn bar oedd yn lloches i bobl yr oeddem ni wedi eu gweld o'r blaen, ar ddiwrnod marchnad, yn cardota neu yn simsanu ar hyd y stryd. Doedd yr awyrgylch ddim yn ddeniadol. Nôl i'r gwesty a dathlu'r Calan ni'n dau, gyda photel o siampaen yr oeddem ni wedi'i phrynu 'rhag ofn', tra'n eistedd wrth y ffenestr yn gwylio tonnau diddiwedd yr Iwerydd yn cyrraedd traeth Santa Marina. Mae ffyrdd gwaeth o'i wneud e!

Ers hynny, rydym ni wedi magu cylch o gyfeillion, ac mae

Dathlu'r Calan

bar y pentref wedi ailagor. Datblygodd traddodiad newydd: byddem ni'n mynd yn griw o ugain neu ddeg ar hugain i giniawa a dawnsio yn y bar; tan y flwyddyn honno pan gyhoeddodd perchennog y bar na fyddai'n agor o gwbl Nos Galan. Gan fod ystafell fawr gyda ni, a'n bod ni'n byw mewn lle cyfleus, ein tro ni oedd hi.

Prosiect funud olaf!

Daeth grŵp bach ohonom ni at ein gilydd i amlinellu cynllun, ac eraill yn rhoi eu henwau ymlaen i gyflawni gweithgareddau penodol. Siop siarad wedyn ar y rhwydweithiau cymdeithasol, reit drwy fis Rhagfyr: pa fath o seidr, sawl person sydd ddim yn bwyta cig, faint o gin fydd eisiau, 'sneb wedi gwirfoddoli i ddod â'r bara, ac yn y blaen ac yn y blaen.

Pan gyrhaeddodd Nos Galan (a'r cylch wedi cyfarfod y diwrnod hwnnw'n barod, gan ein bod hefyd yn bwyta cinio canol dydd, mewn bar arall) roeddwn yn teimlo rhyw fath o hud a disgwyl wrth weld tywyllwch cefn gwlad yn cael ei dorri gan oleuadau'r ceir, ac un cyfaill ar ôl y llall yn cerdded i mewn i'r gegin gyda sosban enfawr o gawl bwyd môr, dysglau hyd yn oed mwy o gig oen, sached o fara, cosyn neu ddau, poteli o gin a cava, a blwch o dân gwyllt.

Dros y diwrnodiau cynt, roedd y rhai oedd yn byw'n agos wedi dod i helpu cario'r byrddau lan i'r stafell fawr sydd gyda ni ar y llawr uchaf. Roeddwn i wedi llwyddo i gael platiau a bowlenni o ddeunydd llysieuol – dail palmwydd ac yn y blaen – oedd yn gallu mynd i'r domen gompost wedyn. Syndod mawr i'r Sbaenwyr achos doedd pethau fel yna ddim yn hawdd eu cael yma.

Ar y noson, roedd pobl wedi mynd i hôl y cawl o'r bar yn y pentref nesaf, a'r cig oen o'r bar yn ein pentref ni ynghyd â'r gwydrau o bob math.

Roedd un yn gofalu am y miwsig: penderfynwyd peidio cael dim cyn hanner nos gan fod pawb yn clebran gymaint wrth y ford fyddai neb wedi ei glywed beth bynnag.

Dechreusom yn y gegin, yn cyfarch ein gilydd wrth flasu'r seidr a bwyta darnau bach o ham, chorizo a chaws gyda bara. Gallaf gyfaddef fan hyn fy mod wedi anghofio'n llwyr am y dulce de manzana (past afal) a gefais gan gymdoges, oedd i fod i fynd gyda'r caws.

Pawb i'w lle wrth y bwrdd wedyn, a chario'r cawl i fyny i bawb gael cymryd beth oedd e eisiau. Cawl o flas dwfn y môr, gyda physgod cregyn a digon o gig cranc, wedi ei liwio'n goch gan pimentón, llwch pupur wedi ei fygu. Wedyn salad o escarola a pomegranat, ac yna'r cig oen, wedi ei goginio mewn stoc am oes yn y ffwrn. Stwns tato gyda fe. Fydd pobl Sbaen, fel rhai Ffrainc, ddim yn cynnig llysiau gyda'r cig ar y prif blât.

Roeddem ni mor hwyr yn eistedd i lawr i ginio, bron i'r clychau ddechrau cyn bod neb yn barod. Bu'n rhaid gadael y pwdins tan ar ôl hanner nos a dechrau ar y grawnwin, wrth wylio rhaglen deledu gyda merch mewn gwisg oedd yn debycach i ficini na dim byd y byddai rhywun call yn ei ddewis ar noson o aeaf.

Y foment orau, efallai, oedd sefyll o dan y ffigysbren, yn edrych lan drwy'i changhennau moel at y tân gwyllt yn ffrwydro mewn cylchoedd a saethau o liwiau di-rif. Ac yna edrych tua'r tŷ lle gwelwn i wynebau cyfeillgar hefyd yn syllu tua'r wybren o'r teras a'r balconi. Tu hwnt i beth allwn ei weld, gwyddwn fod merched bach ein cymdogion hefyd yn edrych o'r ffenestr. Roeddem ni yng nghanol cymdeithas glos, flynyddoedd yn bell o'r Nos Galan gyntaf honno.

Dim ond mewn rhai o'r ardaloedd mynyddig y bydd pobl yn cadw'r hen arferion drwy fynd o dŷ i dŷ ar y Calan: yn San Juan de Beleno, er enghraifft, lle mae traddodiad yr aguinaldo yn dal yn fyw. Bydd llanciau'r ardal yn marchogaeth o gwmpas y pentref, ac yn eu plith un sydd wedi ei orchuddio â masg a gŵn. Wrth fynd i fewn i dai, bydd hwn yn ceisio cusanu'r menywod ac yn bwrw'r dynion â ffon. Bydd ei ddilynwyr, y guirria, yn taflu llwch tân ar bobl. A byddan nhw'n disgwyl cael tamaid i fwyta a diod ym mhob tŷ.

Felly bydd y flwyddyn newydd yn ffrwydro i fodolaeth. Ddwy genhedlaeth yn ôl, yn ystod plentyndod fy nghymdogion sydd yn awr yn eu 70au, roedd ieuenctid y plwyf hwn hefyd yn mynd o gwmpas tai ar fore Dydd Calan, yn canu caneuon tymhorol ac yn cael arian yn galennig. Dim ond ambell un fyddai'n rhoi afalau neu gnau Ffrengig. Roedden nhw'n mynd i bob annedd, hyd yn oed i babell y teulu o sipsiwn fyddai'n treulio misoedd y gaeaf ar lan yr afon, yn yr ardal yr oedden nhw'n ei galw'n Piedras Amarillas, y Meini Melynion. Tybed a ddaw hyn yn ôl fel y mae'r Fari Lwyd wedi gwneud, yn ehangu dros Gymru?

Ar ôl dathlu'r Calan daw dathlu Gŵyl Ystwyll, y 6ed o Ionawr, ac ymweliad beiblaidd y doethion, neu'r Reyes Magos, â'r baban Iesu. Y Reyes, y tri brenin, sy'n dod ag anrhegion i blant Sbaen, er bod Papa Noël erbyn hyn hefyd yn ffigwr pwysig oherwydd marchnata byd-eang a grym y cyfryngau.

Mae gen i frith gof o orymdaith Santa, ac yntau mewn car llusg ar gefn lori, yn cyrraedd siop y Co-op yng Nghaerfyrddin pan oeddwn yn blentyn, ond hyd yn gwn i nid yw'n digwydd yn unman nawr. Mae'r Reyes yn ymwelwyr cyhoeddus, a phob tref neu bentref o faint yn eu croesawu.

Bydd y llythyron wedi eu hysgrifennu a'u hailysgrifennu droeon; y tywysog Aliatar sy'n eu casglu ar ran Eu Mawrhydion, ac yna ar noswyl Ystwyll bydd Caspar, Melchior a Balthasar yn cyrraedd. Bydd eu ffordd o deithio yn amrywio: yn Ribadesella ac yn Llanes, sy'n drefi pysgota, maen nhw'n dod allan o'r tywyllwch ar noswyl Ystwyll mewn cychod, yn nesáu o gyfeiriad y môr mawr, y prif fad wedi ei oleuo fel coets a thân gwyllt yn ffrwydro dros y porthladd, un ar ôl y llall nes bod dy war di'n dechrau cwyno edrych i fyny.

Ar y cei bydd cannoedd yn eu disgwyl, dim ots beth yw'r tywydd, a hynny mewn lle fel Ribadesella sydd â phoblogaeth o lai na 6,000. Wrth weld yr awr yn agosáu bydd rhieni'n tywys mwy a mwy o blant bach i flaen y dorf, reit ar ymyl dibyn y cei, iddyn nhw gael gwell golygfa. (Does dim llawer o 'gadw draw' a thapiau diogelwch yn y rhan hon o Sbaen: mae disgwyl i bobl ymddwyn yn ddiogel ac edrych ar ôl plant a phobl fregus. Yr unig dâp oedd ar y cei ar noson y Reyes oedd yr un oedd yn marcio'r ffordd i'r orymdaith.)

Yno yn eu disgwyl hefyd bydd lorïau wedi eu ffugio'n gerbydau brenhinol chwedlonol, un i bob brenin, ac o'u blaen gerbyd llai gyda seren enfawr mewn goleuadau ar ei do. Bydd yr orymdaith yn pasio ar hyd prif strydoedd y dref tuag at y babell fawr yn y sgwâr. Mae'n werth gweld eu gwisgoedd crand, a'r osgordd o ieuenctid mewn gwisgoedd llachar sy'n eu hamgylchynu. Milwyr Rhufeinig eu golwg, merched y ddawns:

Tymor marmalêd

maen nhw i gyd yn symud o hyd rhag yr oerfel achos dyw'r gwisgoedd ddim yn gynnes iawn.

Weithiau bydd praidd o ddefaid, neu o wyddau, yn ffurfio rhan o'r orymdaith, ond yn ddiweddar mae pobl wedi penderfynu nad yw'r sŵn a'r sioe yn dda i'r anifeiliaid. Yr un yw'r ddadl ag yn erbyn syrcas.

Bydd y plant bach yn rhedeg i hôl y losin sy'n cael eu taflu gan y doethion ar y ffordd drwy strydoedd cul y dref i'r babell fawr yn y sgwâr. Yma byddan nhw'n gallu mynd i gwrdd â nhw a sicrhau y bydd yr anrheg iawn yn cyrraedd.

A thra bod hyn yn digwydd, bydd y glanhawyr, pob un a'i frws, wrthi'n clirio'r strydoedd ar gyfer y bore wedyn.

Mae Gŵyl Ystwyll ei hun yn ŵyl gyhoeddus, felly ar y 7fed y bydd y gwaith yn ailddechrau. Yn yr ardd, mae'n gyfnod tawel. Mae tywydd mwyn yr arfordir yn golygu y bydd o leiaf rai llysiau i'w cynaeafu bob dydd ar gyfer y gegin: bresych, ysgewyll, cennin. Mae'r orenau yn eu hanterth a physalis hefyd yn ffrwytho. Ond y gwaith mwyaf yw tocio coed.

Sbel yn ôl, wedi sgwrs yn y bar am bwysigrwydd plannu coed i gymryd lle'r hen rai sy'n marw, aethom ni ati i gyfri faint a blannwyd gennym mewn 15 mlynedd.

Roedd coed afalau, un goeden eirin, un lemwn, un ffigysbren a nifer o goed cnau Ffrengig yno yn y dechrau. Ers hynny buom ni'n ychwanegu at y nifer, ac yn ddiweddar at faint y tir, ac erbyn hyn gallwn ddweud yn wir bod perllan gyda ni. Eirin o wahanol fathau, gellyg, ceirios, cyll, orenau, pinwydd. Rydym ni hefyd wedi ychwanegu at nifer ac amrywiaeth y coed afalau a phlannu coed cnau newydd ar ôl i ddwy farw.

Coed ffrwythau yw'r rhan fwyaf o hyd, a dyma restr: coed afalau a gellyg, coed eirin, coed clesin (cwins), coed bricyll, coed oren, coed lemwn, coed cnau Ffrengig, coed cnau cyll, coeden kaki (persimon).

Hefyd mae dwy binwydden, fydd, gobeithio, yn dod â chnau ryw flwyddyn neu'i gilydd, a nifer o goed afocados sydd wedi tyfu eu hunain yn y domen gompost. Mae saith coeden olewydd, i gyd yn ddiffrwyth. Mae dwy ohonyn nhw wedi bod yno ers degawd yn awr, ac yn goed nobl a phrydferth, ond dim un olewyn ar eu canghennau nhw. A dwy mimosa, er mwyn y blodau, sy'n goleuo'r ardd yng nghanol y gaeaf ac yn denu gwenyn wrth y fil – neu o leiaf mae'r sŵn fel petai mil ohonyn nhw pan fyddaf yn sefyll o dan y goeden. Mis Ionawr a dechrau Chwefror yw eu mis nhw.

Ar hyd y welydd ar odreon yr ardd a'r cae mae coed ynn, coed ysgaw, mwy o goed cyll a choed llawryf, ceirios gwyllt ac eirin hefyd. Ac yn y goedlan ar ben y graig tua'r gogledd, deri bytholwyrdd.

Fyddwn ni ddim yn tocio'r coed gwyllt heblaw bod haint arnyn nhw. A does dim angen tocio'r coed cnau Ffrengig: o bryd i'w gilydd bydd canghennau'n marw ac yn cwympo i'r llawr tra bod gweddill y goeden yn aros yn iach. Mae'r coed sitrig i gyd yn cael eu torri'n ôl yn hwyrach yn y flwyddyn, ond eto mae llawer iawn sydd angen eu tocio rhwng nawr ym mis Ionawr a'r gwanwyn go iawn.

Nod y tocio yw helpu coeden i gynhyrchu ffrwyth. I ni mae hefyd yn fater o gadw coeden yn iach, ac weithiau o dan reolaeth. Mae canghennau'r kaki, er enghraifft, yn tyfu'n hir ac ar eu llorwedd, sy'n rhoi coeden lawer ehangach nag yw hi o daldra. Pan ddaw'r ffrwythau, a hynny ar bwyntiau'r canghennau, hawdd iawn fyddai i'r gwynt chwipio cangen nes bod hi'n torri. Felly byddwn yn ceisio tocio'r kaki i siâp sgwarach.

Yn aml iawn, bydd coeden o unrhyw fath yn tyfu canghennau sy'n mynd yn groes i'w gilydd. Eto, y gwynt yw'r broblem: os bydd dwy gangen yn rhwbio'n erbyn ei gilydd, bydd y rhisgl yn torri, a hynny'n helpu haint neu bla i ymgartrefu ynddi. Tocio'r canghennau hynny o ganol y goeden felly, fel bod y rhai sy'n aros yn ffurfio siâp cwpan, a'r aer yn gallu chwythu drwodd.

Ar ôl dyddiau o docio, bydd y domen goelcerth yn uwch na fi. Diolch byth taw canghennau main a brigau yw'r rhan fwyaf, fydd yn sychu ac yn llosgi'n gyflym; dydyn nhw ddim werth eu cadw at y tân. Mae rheolau llym ar losgi gwastraff llysieuol; rhaid cael trwydded (am ddim, ond dim ond blwyddyn mae'n para, ac mae'n hepgor misoedd y nythu), ac edrych ar wefan llywodraeth Astwrias i weld beth yw'r risg heddiw. Mae graddfa risg yn mynd o 1 i 5, a fan hyn os bydd yn 3 neu'n llai, byddwn yn cael llosgi.

Arfer arall sy'n perthyn i fis Ionawr yw gweithio marmalêd. Ond orenau melys sydd ar ein coed ni, nid y rhai chwerw, felly y peth cyntaf sydd rhaid ei wneud yw cerdded heibio tŷ cerrig traddodiadol yr ochr arall i'r cwm, i weld sut stad sydd ar y goeden orenau chwerw yno. Mae'r goeden hon, ar ochr ddeheuol y tŷ ac wedi ei chysgodi rhag gwyntoedd y dwyrain a'r gorllewin, yn anferth. Roedd hi yno yn amser mam-gu y fenyw sy'n byw yno nawr. Nid bod neb yn gweithio marmalêd bryd

Dydd Gŵyl San Antón, Cuerres

hynny: prif ddiben y ffrwyth a'i sudd oedd glanhau coluddion mochyn adeg y lladdfa. Heddiw mae merch y tŷ yn paratoi digon i'r teulu cyfan – a bydd dal llwyth o ffrwythau ar ôl i ni!

Aeth y tŷ ei hunan yn adfail wedi i'r teulu symud i ganolbarth Astwrias i chwilio am waith, ond mae'n cymdogion ni wedi ei ailadeiladu'n braf.

Os bydd hi'n flwyddyn dda, gallaf gymryd rhyw 9kg o'u horenau, hanner i'w paratoi ar unwaith, a'r hanner arall i fynd i'r rhewgell i'w trin yn ddiweddarach.

Gwaith diwrnod cyfan yw marmalêd, ac ym mis Ionawr digon hawdd yw dewis diwrnod oer a llwyd pan fydd y cymylau'n cuddio'r mynyddoedd ac angen cynnau golau yn y gegin.

Wedi dweud hynny, mae'n syniad da dechrau'r noson gynt. Golchi'r ffrwyth, a'u pwyso, a'u torri yn eu hanner. Tynnu'r sudd a'r deunydd canol yn y peiriant suddwr. Rhoi'r stwns mewn mwslin gyda chroen a cherrig lemwn, a'i glymu'n dynn. Torri'r croen oren yn denau denau.

Mewn bowlen fawr, gadael y croen oren, y sudd, a'r sached fach o ddarnau dros nos.

Ar ôl brecwast drannoeth, pan fydd y gegin yn llawn persawr oren, cael y jarrau i gyd yn barod, yn lân ac yn sych. Hidlo a phwyso'r hylif. Mae angen dwywaith gymaint o hylif ag oedd o ffrwyth yn y dechrau, felly ychwanegu dŵr os bydd angen. (A noder y pwysau!) Dodi'r cwbl nôl at ei gilydd mewn sosban fawr a berwi. Troi e lawr a'i goginio nes bydd y croen yn feddal. Tynnu'r bag mwslin. Ychwanegu siwgr, dwywaith pwysau'r ffrwyth. Rwyf yn ceisio rhoi llai, ond dyw e ddim yn cadw cystal. Gwasgu pob diferyn o'r bag mwslin nôl mewn.

Ac yn awr, berwi! Pymtheg munud os wyt ti'n lwcus. Dyma pryd byddaf i wastad yn dechrau becso: ydy e'n barod, ydw i wedi ei orferwi? A does gen i ddim ateb, achos mae'n wahanol bob blwyddyn.

Ond mae gweld rhes o jarrau'n disgleirio'n oren o flaen y ffenestr, a chodi un a gweld y cyffaith yn siglo tipyn bach bach wrth imi wneud, yn bleser o'r mwyaf. Cystal dweud fan hyn nad ydw i yn bersonol yn bwyta llawer o farmalêd, ond bydd y gŵr yn ei gael i frecwast bron bob bore.

Mae gan fis Ionawr un trysor arall mewn stôr, i bobl y pentref a llawer iawn o rai eraill. Dydd Gŵyl San Antón, Sant Antoni'r abad, sy'n cael ei ddathlu yma ar y dydd Sadwrn agosaf at ei ddygwyl iawn, sef Ionawr 17eg. Mae cerflun ohono yn yr eglwys fach, ynghyd â rhai'r forwyn Fair a San Mamés, nawddsant yr eglwys. Ie, yr un San Mamés ag sydd wedi rhoi ei enw i stadiwm pêl-droed Athletic Bilbao.

Menywod a phlant bach y pentref, sydd â'r lle blaenaf yn y dathliadau eglwysig. Wythnos ynghynt bydd y merched yn dod at ei gilydd i ymarfer yr orymdaith, y caneuon sy'n cael eu canu bob blwyddyn, a'r tambwrîn. Byddwn yn cerdded mewn parau, felly bob blwyddyn bydd yr un sy'n cyfarwyddo yn ceisio cael parau cyfartal o ran taldra, gyda'r rhai talaf yn y cefn (hwrê) oni bai am yr un sy'n chwarae'r drwm fawr, y tambor, sy'n gorfod bod yn ferch eithaf cryf.

Bydd pibgyrn hefyd; mae'r bois sy'n chwarae rheiny yn dod o bentref arall, a byddant yn chwarae drwy'r dydd, nid dim ond i'r orymdaith.

Un peth arall sy'n angenrheidiol cyn y diwrnod mawr yw archebu dy wisg. Dewis lliw, hynny yw, a nodi dy daldra, achos mae'r gwisgoedd wedi eu gwneud i ffito lot o bobl. Ychydig iawn sydd yn berchen ar eu gwisg traddodiadol eu hunain, ond mae mynd mawr ar eu llogi nhw am y diwrnod.

Ar fore'r ffiesta, bydd y menywod a'r plantos yn heidio i hen ysgol y pentref, lle bydd y gwisgoedd i gyd ar y rheils, a merched sy'n gweithio i'r cwmni llogi yno i'n gwisgo ni. Mae fel bod yn groten fach unwaith eto. Byddaf i fel arfer yn dewis gwisg werdd, felly ar ôl camu mewn i bais wen, byddaf yn dodi blowsen wen amdanaf, gyda broderie anglaise a rhubanau gwyrdd yn rhedeg ar hyd y llewys ac o amgylch y torchau. Rhaid clymu'r rhubanau o gwmpas yr arddyrnau ein hunain, a bydd fy rhai i yn datod byth a hefyd.

Sgert hir gwyrdd tywyll a du, ffedog werdd at y wasg, a siôl ddu rownd yr ysgwyddau, popeth wedi ei binio'n dynn. Weithiau bydd angen cymorth i ddiosg y wisg yn oriau mân y bore, mor anodd yw e i gael at y pinnau i gyd. Mae'r ffedog a'r siôl, a'r siaced fer un-llawes ddu sy'n mynd dros yr ysgwyddau, wedi eu brodio'n drwm â mwclis duon. Muchudd fyddai'r rhai traddodiadol, ond erbyn heddiw plastig yw llawer. Gwregys sidanaidd gwyrdd, a sgidiau duon (dy rai ti dy hun!).

Ac yna'r benwisg. Yn gyntaf bydd dy forwyn yn ceisio cuddio pob blewyn o dy ben, a ninnau fel arfer i gyd fel plant yn tynnu darnau allan. Sgarff yw'r benwisg, sy'n cael ei phlethu a'i phinio i siâp traddodiadol sy'n gadael dy war yn noeth yng nghanol gwyntoedd Ionawr.

Mae'r wisg gyfan yn pwyso 8kg ac yn dy orfodi i sefyll yn dal a cherdded yn ofalus, ac os caf i ddweud, yn osgeiddig. Dim ond y gemwaith nawr: bydd pawb yn gwisgo mwclis neu glustdlysau sydd yn perthyn i'w teulu, eto o fuchudd yn aml, neu coral neu tyrcwois ddaeth yn anrheg gan hen ewythr aeth yn forwr.

A blodyn. Bydd rhai yn prynu, eraill yn eu torri nhw o'r ardd. Fel arfer bydd cennin Pedr yn barod i mi achos maen nhw'n blodeuo'n gynnar ar yr arfordir.

Byddwn yn cwrdd y tu fas i dŷ'r cwpl sy'n trefnu dathliadau'r pentref . O fan hyn byddwn yn cerdded tua'r eglwys dan ganu. Ambell un yn cael ffag olaf, ambell blentyn yn dechrau cwyno am ei wisg. Mwy o ddadlau am barau. A bant â ni. Ychydig sy'n gwybod y penillion i gyd ar eu cof, ond mae'r tambwrîns yn cuddio hynny. Y peth gwaethaf i mi yw gorfod pasio awr o fewn yr eglwys yn gwrando'r offeren, ond dyma'r unig dro mewn blwyddyn y byddaf yn gwneud hynny. Ar diwedd yr offeren, bydd yr orymdaith fawr yn dechrau.

Mae cerflun Sant Antoni yn barod yn ei le ar lwyfan bren, a daw hanner dwsin o ddynion, yn eu gwisg traddodiadol nhwythau, ymlaen i'w gario ar eu hysgwyddau.

Ar flaen yr orymdaith eith y band bach, dau bibgorn a drwm, ac yna llwyfan bren llai o faint gydag strwythur siâp côn o rubanau a torthau crwn o fara. Wedyn y menywod, efallai ugain, efallai hanner cant. Ac yna'r offeiriad a'r llanciau sy'n cario cerflun y sant. Yn y gwt, y menywod hŷn nad ydynt yn gwisgo lan mwyach, ond sydd yn ffyddloniaid yn yr offeren. Ac yn gwybod geiriau'r caneuon i gyd.

I lawr y stryd bydd San Antón yn mynd, heibio'r bar, Casa Antón (mae'n enw poblogaidd yma). Troi wrth y gornel, nôl i'r eglwys am un gân arall yn ffarwelio â'r sant ac yn edrych ymlaen i'r flwyddyn nesaf, cyn dod allan i'r awyr iach (oer) unwaith eto wysg ein cefnau, ymffurfio'n ddwy res a bwrw'r tambwrîns am y tro olaf.

Ac... ymlaciwch. Gwŷr a thadau'n rhuthro ymlaen gyda chotiau a siolau trwchus os bydd hi'n braf, pawb yn rhedeg am loches y bar bach cymunedol os bydd hi'n bwrw glaw. Dim ond y cerddorion sy'n dal i chwarae. Mae cynfas mawr yn rhoi rhyw fath o gysgod ar hen iard yr ysgol, wedi ei grogi rhwng yr eglwys a'r ysgol ei hunan, a llwyfan fach i'r band fydd yn chwarae at ddawns y nos.

Cyn hynny, mae'r puja, gair Astwreg am ocsiwn. Bydd y cymdogion yn cyfrannu rhywbeth – cacen, cosyn, ffowls byw, yn aml iawn pysgodyn mawr – i'w gwerthu ar gyfer gweithgareddau'r flwyddyn i ddod.

A'r peth cyntaf ar y bloc yw'r dorth oedd yn eistedd ar ben y côn rhubanau, fydd wedi ei fendithio ar ddiwedd yr offeren. Gwerthir y gweddill am €1 yr un a gan fod pawb ar lwgu erbyn hyn mae pobl yn eu llyncu'n sych, heb ddim byd arall.

Am flynyddoedd, hen gymydog cu (os bach yn rhyfedd) oedd yn chwarae rhan yr ocsiwnîr. Medraf ei weld yn awr, Miguel, yn dal ffowlen sgrechlyd yn uchel uwch ei ben, a'i lais cryf yn codi'n uwch fyth i dynnu arian o bocedi'r ymwelwyr.

Pan fydd popeth wedi mynd, a'r arian wedi ei gyfri'n net, dyna'i diwedd hi am y prynhawn. Bydd pawb yn brysio i gael eu cinio, naill ai yn y bar neu gartref, ac yna siesta fach cyn dawns y nos.

A'r cwestiwn mawr i mi a'r menywod eraill yw: dal i fynd yn y wisg? Mae'n costio €60 i'w rhentu am ddiwrnod, felly man a man cael gwerth ein harian, ond ar y llaw arall, mae fy mhen yn brifo gyda'r holl binnau, ac mae'r peth yn pwyso tunnell...

Wedi dweud hyn, bydd y dewrion sy'n cadw at y wisg hefyd fel arfer yn gwisgo cot gynnes a sgarff drwchus ar ei phen hi, achos tu allan ar yr iard fyddwn ni eto, yn dawnsio tan oriau mân y bore.

Orquesta yw'r gair lleol am y bandiau sy'n chwarae ar gyfer dawnsio mewn ffiestas. I rywbeth bach fel San Antón, pâr o gerddorion, un yn canu a'r llall yn gweithio'r electroneg, fydd hi. Wals, paso doble, dawnsiau De'r Amerig, i gyd gyda geiriau caneuon pop Sbaenaidd fydd braidd yn newid o un flwyddyn i'r llall.

Bu un flwyddyn pan oedd y glaw mor drwm wnaeth yr

orquesta ddim chwarae, aeth bron pawb gartref a buom ni'r selogion yn y bar bach gyda'r pibgyrn, yn canu nerth ein pennau. A phawb wedi joio mas draw. Ond fel arfer mae'r miwsig pop yn lledaenu ar draws y cwm, y cenedlaethau o ddawnswyr yn newid wrth i'r hen do fynd i glwydo a'r ieuenctid gyrraedd wedi hanner nos, o lle bynnag maen nhw wedi bod.

Byddwn ni'n dal i glywed y miwsig ar ôl inni gyrraedd adre, ac weithiau mae'n well gyda ni wrando arno o fan hyn. Un ffiesta fach arall yn rhod y flwyddyn, wedi dod i ben. Does dim dianc rhag pwysigrwydd ffiestas: er nad yw trigolion Astwrias fel y cyfryw yn mynd i'r offeren, mae dyddiadau'r saint yn aros yn rhan o'u treftadaeth, fel yng Nghymru'r canol oesoedd. Mae pob pentref, a hyd yn oed cymdogaethau dinesig a maestrefi, yn cynnal o leiaf un y flwyddyn.

Chwefror

Y Mis Bach fydd yn llusgo eira yn ei sgîl, yn Astwrias gymaint ag yng Nghymru. Dyma'r unig adeg pan fyddwn ni'n gallu edrych lan o'r tŷ tuag at ein mynyddoedd bach ni, sy'n cyrraedd uchder o 500m ar y mwyaf, a gweld eu pennau'n wyn.

Yn anaml iawn bydd yr eira yn disgyn ac yn aros o gwmpas y tŷ a'r ardd: rwy'n cofio ddwy flynedd yn ôl imi dynnu llun coeden lemwn y teras dan eira am 9 o'r gloch y bore, ac erbyn 10 o'r gloch roedd y cwbl yn glir. Mae'r goeden hon yn cael ei chysgodi gan y tŷ i'r gogledd a gan y bryncyn i'r gorllewin, ac mae'n cael haul drwy'r dydd: chafodd hi na'i ffrwythau ddim niwed gan yr eira sydyn.

Nid felly y bu flynyddoedd yn ôl: mae'r cymdogion yn cofio cerdded am wythnosau ar lonydd o fwd wedi rhewi, nôl yn 70au'r ganrif ddiwethaf, ychydig cyn i'r byd modern tarmagedig gyrraedd y pentref. Ac mae dal yn arfer gadael bwced o ddŵr yn agos at goed lemwn neu oren. Y gred yw y bydd y dŵr yn rhewi gyntaf ac yn diogelu gwreiddiau bas y coed sitrig.

Fis Chwefror os na ddaw eira, daw tymhestloedd cryf, nid o reidrwydd o law trwm, ond gwyntoedd a stormydd trydanol sy'n gallu parhau drwy'r dydd. Un flwyddyn fe basiodd mellten o flaen ein llygaid yn ystod diwrnod o storom, gan losgi gwifrau ffôn y pentref yn ulw a chwythu darnau o blastig oddi ar y bocsys ar y polion tu allan – a'n modem ni! 'Y bobl lan llofft yn chwarae bowls' yw'r enw lleol ar stormydd o fellt a tharanau, ond y diwrnod hwnnw doedd hi ddim yn teimlo fel gêm.

Doedd hyd yn oed y ffôn symudol ddim yn cael signal, felly bu'n rhaid neilltuo amser, bob dydd am bron i wythnos, i gerdded i lle roedd signal i gael, i geisio cael drwodd i'r cwmni ffôn. Yn ffodus iawn, bar y pentref oedd y lle hwnnw, felly roeddem ni'n eistedd i lawr yn ddigon cartrefol â phaned ar ôl paned o goffi.

Pan ddaeth y technegydd, bachan o Perŵ oedd wedi dod i

Chwythdyllau Pría

Sbaen i geisio bywyd gwell, yn fuan iawn roedd popeth wedi ei gywiro. Ond ni oedd ar dop y rhestr, oherwydd yr holl amser a roesom i'r gwaith o fynnu ateb; bu'n rhaid i rai o'r cymdogion aros wythnosau gan gymaint oedd y nifer o bobl oedd wedi colli ffôn a rhyngrwyd.

Ond o leiaf roedd ein cyflenwad trydan yn ddiogel, ac felly hefyd y rhewgell, a'r stoc o fwyd ynddi. Roedd cyfeillion o Wlad y Basg, sydd â thŷ haf yn y pentref, wedi gadael cig a physgod yn y rhewgell, ac wedyn oherwydd y tywydd heb ddod yma dros y penwythnos nesaf. Pallodd y trydan y diwrnod hwnnw. Drewdod a bwyd wedi pydru oedd yno i'w croesawu y tro nesaf.

Nid colli wi-fi oedd yn achosi pryder yn y canrifoedd cynt, ond colli cysylltiad â gweddill y byd, bod yn gaeth i'r tŷ neu o leiaf i'r pentref, a'r bwyd yn mynd yn llai, a dim modd cael cymorth i glaf.

Mae trigolion pentrefi mynyddig Astwrias yn dal i ddioddef hynny, nid bob blwyddyn ond yn eithaf aml. Yn Sotres, er enghraifft, sydd mewn lleoliad cyfuwch â'r Wyddfa, ac yn Ponga, sydd yn is ond yn anghysbell o unrhyw siop, bydd teuluoedd – ac yn fwy na hynny, hen bobl sy'n dal i fyw yng nghefn gwlad drwy'r flwyddyn, tra bod y cenedlaethau ifancach wedi mynd i weithio yn y ddinas – yn treulio wythnos a mwy yn garcharorion yn y byd gwyn. Ar adegau felly cawn ni straeon am heddwas yn gorfod sgio dros yr ucheldir am bedair awr i fynd â moddion calon i hen wraig mewn tyddyn, mewn pentref lle nad oes ond pedwar neu bump dros y gaeaf. Ac roedd ei lwybr at y pentref yn dringo rhiw'r holl ffordd, dydyn ni ddim yn sôn am sgio cyflym.

Erbyn mis Chwefror rwy'n siŵr y byddai pawb yn dechrau teimlo eisiau bwyd yn feunyddiol, ond roedd gwaith i'w wneud. Nid dim ond gofalu am yr anifeiliaid oedd yn cael byw dros y gaeaf, ond dechrau ar waith y flwyddyn newydd.

Tan 50 mlynedd yn ôl roedd cefn gwlad Astwrias, a Sbaen yn gyffredinol, yn gymdeithas, nid yn hollol ddi-arian, ond un lle nad oedd arian yn cael ei ddefnyddio llawer. Deuai'r dŵr o'r ffynhonnau a'r gwres o goed tân (gydag ambell i sached o lo oes oedd gyda'r teulu berthynas yng nghymoedd y mwynfeydd). Roedd bron bopeth ar ford y gegin wedi ei dyfu neu ei ladd neu ei bobi ar yr aelwyd. O feddwl am y gwaith yr ydym ni'n ei gyflawni heddiw wrth dyfu llysiau a ffrwythau, mae'n ymdrech dychmygu'r dyddiau diddiwedd hynny o dasgau un ar ôl ei gilydd. Rwy'n deall yn union pam wnaeth fy nghyndadau ddianc o'r tyddyn y funud y cawson nhw'r cyfle.

Yn ystod y gaeaf roedd pawb yn dibynnu ar yr hyn yr oedden nhw wedi llwyddo i'w gadw at yr hirlwm. Cig wedi'i halltu, chorizos, caws. Ffa o bob math. Tato a wynwns a garlleg. Cnau. Cyffaith ffrwythau. Pwmpenni. Pysgod – yn enwedig tiwna – wedi ei gadw mewn potiau. Byddai bresych yn dal i dyfu drwy'r gaeaf, a'r oren a'r lemwn ar eu gorau yn y misoedd oer.

Yn y misoedd oer hefyd byddaf yn dod yn ymwybodol iawn o
wacter cefn gwlad Astwrias. A henaint y mwyafrif sy'n dal i fyw
yma. Wrth gerdded y ddau cilometr o'r tŷ i'r clogwyni, ar fore
oer o Chwefror ni welaf yr un enaid dynol.

Mae rhanbarth Astwrias wedi bod yn colli poblogaeth yn
raddol ers y 1970au, ar ôl canrifoedd o gynnydd yr un mor
raddol. Ac mae ble mae pobl yn byw oddi fewn i Astwrias wedi

newid yn gyfangwbl, am resymau hollol ddealladwy. Yn ystod yr 20fed ganrif fe symudodd y dalaith o'r cyfnod modern cynnar, canoloesol bron, i'r cyfnod roedd gweddill Ewrop yn perthyn iddo. Roedd hyn yn golygu addysg, iechyd, gwaith oedd yn cael ei dalu ag arian yn y poced, ac isadeiledd trafnidiaeth, trydan, dŵr ayyb.

I roi dim ond un enghraifft, addysg menywod. Ym 1900, roedd bron i dri chwarter o fenywod Astwrias yn anllythrennog: y ffigwr mwyaf diweddar yw 10%.

Mae'n pentref ni fel sawl un arall yn nwyrain Astwrias yn awr yn gartref i hen bobl, y mwyafrif yn hen fenywod. Hanner dwsin o blant sy'n byw yma drwy'r flwyddyn, er bod llawer mwy yn cyrraedd i fwrw'r haf a phob gŵyl bosib arall yn nhŷ mam-gu. Mae'r menywod hyn yn ddygn, yn dal i gadw tŷ a bwydo ieir a thorri coed tân yn eu 80au ac weithiau eu 90au. Ond dydyn nhw ddim yn mynd allan am dro i lan môr pan fydd Morus y Gwynt ac Ifan y Glaw yn chwarae dros bob man. Ac yn lle mynd i'r farchnad wythnosol, byddan nhw'n cymryd rhywbeth o'r silff neu'r oergell.

Fydd hyd yn oed y guiris, yr estroniaid, ddim i'w gweld. Rhaid imi fy nghyfrif fy hun yn un ohonyn nhw, ac ychydig ydym o ran nifer, ond mae'r boblogaeth gynhenid wedi gostwng gymaint nes ein bod yn ganran sy'n tyfu.

Ar yr arfordir neu lan yn y mynyddoedd, fe ddewch chi o hyd i dai pentref gyda thrigolion wedi ymddeol o wlad Belg, o'r Iseldiroedd neu o'r Almaen. Dydyn nhw ddim yn heidio at ei gilydd, fel yn Ne Sbaen; yn hytrach byddan nhw'n ymdoddi i'r gymdeithas, fel arfer heb chwarae rhan flaenllaw.

Mis Chwefror yw mis y plannu coed. Ar y 6ed mae Dydd Gŵyl Santa Dorotea ym mhentref Balmori. Dorotea yw nawddsant pobl sy'n tyfu ac yn gwerthu ffrwythau a blodau, a hynny oherwydd chwedl ei merthyru. Dywedir iddi gael ei harteithio mewn llawer ffordd ond iddi aros yn ffyddlon ac yn hapus y byddai 'cyn hir yng ngerddi'r Iesu fydd yn llawn rhosod ac afalau'.

Mae pob pentref yn ceisio cael rhywbeth gwahanol fydd yn denu pobl i'w gwylmabsant, a digon hawdd i bobl Balmori gynnal ffiesta sydd hefyd yn ffair coed ffrwythau, ac erbyn hyn offer amaethyddol a bwydydd traddodiadol hefyd. Ond afalau Dorotea yw craidd ac ysbrydoliaeth y cwbl.

Mae coed Balmori yn cael eu gwerthu â'u gwreiddiau'n rhydd, nid mewn potiau. Coed sy'n cysgu yw rhain, felly does dim angen gofalu cymaint amdanyn nhw ar ôl eu plannu. Digon o ddŵr i ddechrau yn enwedig os bydd y tywydd yn sych, ac yna aros iddyn nhw ddeffro a dechrau tyfu yn y gwanwyn.

Yr unig anfantais yw bod yn rhaid i chi blannu'r coed ym mis Chwefror; dyna oedd yr arfer pan oedd pobl yn byw yn ôl y tymhorau. Nawr gallwch chi brynu'r goeden chi eisiau pan ydych chi'n barod, ond bydd ei bywyd yn y pot wedi sicrhau ei bod yn dibynnu mwy arnoch chi tra bydd yn cynefino â'ch gardd.

Diben y rhan fwyaf o'r holl afalau yw cynhyrchu seidr, naill ai yn y cartref neu drwy werthu'r ffrwyth i llagar. Mae cymaint o fynd ar y ddiod fel nad oes dim digon o afalau yn Astwrias gyfan i gyflenwi chwant y gweisg; dyna pam mae llywodraeth y rhanbarth yn rhoi grantiau ar gyfer plannu perllannau.

Mae un goeden arall sy'n rhaid ei thocio nawr cyn bod yr adar yn dechrau nythu. Ond chei di ddim mynd ati dy hunan gyda llif na siswrn mawr. Rhaid wrth drwydded! Mae cymhlethdodau biwrocratiaeth Sbaen yn ddyfnach na rhai o chwedlau prawf y Canol Oesoedd, ac mae'r encina yn enghraifft dda o hynny.

Derwen fytholwyrdd yw'r encina. Mae dau fath yn tyfu yma, ond encina yw'r enw ar y ddau. Maen nhw'n gyffredin iawn yn ardal Môr y Canoldir a meseta ganol Sbaen. Fe ymsefydlodd yma ar arfordir yr Iwerydd yn raddol yn ystod cyfnod twym 5-7,000 o flynyddoedd yn ôl. Daeth un o'r dwyrain ar hyd yr arfordir, a'r llall dros y mynyddoedd o ganol Sbaen. Nid dim ond pobl sy'n chwilio llefydd newydd i ffynnu.

Byddaf yn cyfeirio ati fel encina o hyn ymlaen, achos mae'n

un gair yn lle dau, a dyna'r enw lleol. Siâp a llun derwen a dail y gelynnen sydd arni; mae'n goeden fawr sy'n cyrraedd 25m ac yn gallu goroesi gaeaf oer o -10°C. Dyw hi ddim yn cynhyrchu hadau (mes) oni bai fod y tymheredd yn cyrraedd 20°C cyn mis Mai, ond mae hyn yn digwydd yn fwy aml nag y byddai rhywun yn credu. Yn Astwrias, dim ond yn ardaloedd y garreg galch y mae i gael, oherwydd mae angen pridd sych neu sy'n sychu'n gyflym. Ond rhaid dweud nad oes ddim eisiau pridd da na dwfn: maen nhw i weld yn tyfu'n syth o'r graig, hyd yn oed ar ochr clogwyni'r môr.

Am flynyddoedd bu ffermwyr yn ceisio gael gwared ar yr encina, gan adael rhyw un neu ddwy ar y creigiau ar gyfer coed tân. Yr arfer oedd mynd â'r gwartheg, ac yn enwedig y geifr, i bori o dan yr encinas ac felly lladd y coed ifanc. Ond yn awr mae'n cael ei diogelu: does dim hawl gwerthu pren y dderwen fytholwyrdd na'i defnyddio fel coed tân. Ac mae'n rhaid mynd i swyddfa'r weinyddiaeth amaeth i ofyn am drwydded hyd yn oed i docio. Dyma'r cam cyntaf! Wedyn bydd swyddog yn dod i archwilio'r coed sydd ar eich tir a chyflwyno adroddiad i'w bencadlys. Wedyn daw'r trwydded drwy'r post, gyda manylion ynglŷn â pha goed, pa ganghennau a rhwng pa ddyddiadau fyddwch chi'n cael tocio.

Roeddem ni wedi meddwl cael benthyg geifr i glirio top yr ardd ond dydyn nhw ddim yn dda iawn am docio! Eu tueddiad yw bwyta'r cwbl sydd o'u blaenau. Felly roedd rhaid dewis y llwybr biwrocrataidd.

Bachan oedd yn arfer byw yn y pentref ddaeth i wneud y gwaith. Roedd e'n deall taw gardd oedd y lle ac nid creigiau gwyllt, a hefyd nad oeddem ni ddim eisiau cael gwared ar y coed yn gyfangwbl. Buom ni am ddeuddydd yn llusgo canghennau mawr i lawr ochr y graig ac ar draws yr heol i'r cae, lle buont yn gorwedd ac yn sychu am gwpl o fisoedd cyn cael coelcerth o fri. Bydd y cyffion yn gwneud coed tân sy'n llosgi'n boeth ac yn parhau'n hir: iawn eu defnyddio nhw felly ar ôl cael trwydded!

Encina hefyd yw enw un o'm cyfeillion; María Encina, hynny yw, ar ôl chwedl am y Forwyn Fair yn y Bierzo, y rhan o dalaith León sy'n ffinio ag Astwrias a Galisia. Morwyn yr Encina yw nawddsant cymuned y Bierzo. Yn ôl chwedloniaeth, roedd llun o'r forwyn wedi ei gludo i Ponferrada, prifddinas y Bierzo, yn gynnar iawn yn hanes Cristnogaeth yn Ewrop, rywbryd yn y 5ed ganrif – yr un pryd â sefydlu'r llannau Cristnogol cyntaf yng Nghymru.

Pan gyrhaeddodd y Mwslemiaid 400 mlynedd yn ddiweddarach, fe gafodd y llun ei guddio, a'i guddio cystal nes ei fod wedi mynd ar goll yn gyfangwbl. Aeth pedair canrif arall heibio, ac yr oedd Marchogion y Templariaid wrthi'n dechrau codi castell yn Ponferrada. Aed ati i dorri llawer o goed at yr adeiladwaith, yn eu plith encina – derwen fytholwyrdd – anferth. Pan gwympodd y goeden, fe holltodd, a dyna lle'r oedd y llun hynafol yn arddull Byzantium (800 mlwydd oed erbyn hyn!) Mae'n fy atgoffa fi o chwedl cysegr Penrhys yn y Rhondda, lle 'ymddangosodd' cerflun o'r Forwyn mewn derwen. Ac mae'r ddau yn cyfeirio nôl ymhell cyn eu hamser, at bwysigrwydd y dderwen i'r Celtiaid.

Rhaid nodi fan hyn bod 'y llun' yn yr eglwys gadeiriol yn Ponferrada, la Basilica de la Encina, ond yn cael ei ddyddio i'r 16eg ganrif.

Ac mae hynny'n dod â fi at ffaith arall syfrdanol: cymaint o ferched sydd wedi cael eu henwi ar ôl y Santes Fair. Y Marías eu hunain, wrth gwrs. Mari ydyn nhw i gyd ar lafar yn Astwrias ac mae 'las Maris' yn golygu 'y merched'. Yn ein pentref bach ni mae rhai yn cael eu hadnabod yn ôl enw'r gŵr, rhai yn ôl enw'r fferm, eraill yn ôl lle buont yn byw cyn symud i'r pentref. Ac wedi hynny daw'r holl enwau dwbl fel María Teresa, sy'n cael ei fyrhau i Maite, María Luisa (Marisa), María de la Cruz (Maricruz neu Cruz). Ond mae 'na Marías cudd hefyd: mae pob Carmen yn María (del) Carmen – ac mae hwn yn enw cyffredin iawn.

Y rheswm am hyn yw'r anrhydedd sy'n cael ei roi i'r Forwyn Fair o fewn yr Eglwys Gatholig, traddodiad sydd yn parhau hyd

Oricios, draenogiaid môr

yn oed ymysg pobl fydd ddim yn mynychu eglwys ond ar
ddiwrnod gŵyl y pentref. Mae enwau 'Mairaidd' yn cyfeirio at
yr achlysuron hynny pan oedd hi i fod wedi ymddangos i bobl,
ond hefyd at droeon pan dywedir iddi roi cymorth i bentref neu
grŵp. A heb wybod hynny byddai'n anodd deall bod gyda rhai
ohonyn nhw unrhyw gysylltiad â'r eglwys.

Estrella, er enghraifft. Seren yw'r ystyr, ond mae'r enw'n
dod o Estrella del Mar, Seren y Môr, oherwydd bod morwyr yn
ymddiried ynddi mewn stormydd. Mae'n enw cyffredin ar
gychod pysgota: rwy'n cofio un yn Ninbych-y-pysgod
flynyddoedd yn ôl.

Paz (Heddwch), Puri, sy'n dalfyriad o Purificacion, Amparo
(Cymorth), Gloria, Nuria (ymddangosiad yng Nghatalwnia),
Pilar neu Pili, Dolores (tristwch), Nieves (eira, fel arfer ar ôl
capel yn y mynyddoedd), Lourdes, Rosario, Inmaculada – mae

pob un yn deillio o anrhydedd a roed i'r Santes Fair. Mae hyn yn mynd yn ormod o restr, ond credwch neu beidio maen nhw i gyd yn enwau ar ferched o'm cydnabod. Felly hefyd Monserrat, Angeles neu Gely, Begoña ac Esperanza.

Beth bynnag fo'i henw mae pob Asturiana gwerth ei halen yn gwneud dau beth ym mis Chwefror: gwledda ar oricios (draenogiaid môr) a dathlu Carnifal.

Rwyf yn defnyddio'r enw draenogiaid môr oherwydd dyna yw'r cyfieithiad llythrennol, ac i mi dyna sy'n disgrifio eu hymddangosiad. Yn ddiweddar deuthum ar draws hen enw Cymraeg ar y creaduriaid hyn, sef pen y forforwyn. Ond dyw hwnnw ddim yn apelio fel enw plât o fwyd, felly nôl at y draenogiaid fydd hi – er bod rhai ardaloedd o Gymru yn defnyddio'r term draenogiaid môr am *sea bass*.

Pan ddaethom ni yma wyddwn i ddim ei bod yn bosib bwyta draenog fôr, er fy mod wedi gweld y cregyn gannoedd o weithiau ar draethau de-orllewin Cymru. Cragen siâp pêl, fel arfer yn hollol sych, â lliw llwydbinc arni, sydd gan ddraenog fôr cyffredin gogledd-orllewin Ewrop. Ond pan welwch chi un ar blât, mae'n ddu ac yn goedwig o ddrain du pigog.

Mae tymor yr oricio yn ei anterth ym mis Chwefror, a thrigolion Astwrias sy'n bwyta'r rhan fwyaf ohonyn nhw, gymaint nes bod llywodraeth Astwrias wedi gorfod rheoli'r arfer o'u pysgota nhw, gyda chwota isel ar gyfer pob pysgotwr draenogiaid môr.

Oherwydd y chwant am flasu oricios, bydd nifer o bentrefi'n cynnal ciniawau arbennig. Yn Huerres, er enghraifft, aethom un dydd Sul i babell fawr yng nghanol y pentref lle'r oedd criw wedi bod wrthi ers yr oriau mân yn paratoi bordydd hir, cewyll lawer o seidr lleol ac wrth gwrs, oricios.

Rhaid dweud na fyddai rhywun yn deall ar unwaith bod y ddraenog fôr yn fwytadwy. Pelen ddu, rhwng maint pelen golff a phêl tenis, wedi ei gorchuddio'n gyfangwbl â hoelion miniog, sy'n edrych yn fwy tebyg i ffrwydryn nag i fwyd.

Cyn dod at anawsterau agor y peth i gael at y cynnwys, rhaid dweud yn gyntaf eu bod yn flasus dros ben. Blas cryf o'r môr, ond hefyd melyster. Awn ni ati gyda dwy fforc, neu (yn well gen i) cyllell fach finiog a llwy. Ac mae'n rhaid bod yn ddigon penderfynol i dorri'r gragen. Fydd neb yn dianc heb ryw doriad bach i'w ddwylo ei hun gan yr hoelion.

Ar agor, mae'r ffrwydryn yn troi'n gyw bach â'i geg ar led yn disgwyl bwyd. Oren yw'r tu fewn, y darn a fwyteir, gonadau neu wyau y creadur. Llwyaid neu ddwy ar y dafod, ac ymlaen at y nesaf. Bydd un person yn mynd drwy gilo o ddraenogiaid môr mewn un pryd.

Mae rhai pobl yn mynnu cael oricios yn amrwd, er mwyn eu blasu hyd yn oed yn gryfach, ond mae'n well gen i eu berwi am funud neu ddwy.

Mae cogyddion Huerres yn mynd lot pellach er mwynhad y ciniawyr: yno cawsom ni oricios mewn tortilla o wyau a thatws, a hefyd oricios mewn croqueta (y darnau oren wedi eu cymysgu â saws gwyn trwchus mewn peli bach, eu rholio mewn wy a briwsion, a'u ffrio). Y ddau blât yn toddi yn y ceg. Gyda nhw, bara borona wedi ei wneud o flawd india-corn. Dyma oedd torth draddodiadol yr ardal, ac mae rhai o'n cymdogion yn dal i fynd â'u maiz i'r felin i gael ei falu ar gyfer y gegin.

Yr unig drafferth gyda'r ddraenog fôr bellach yw nad oes dim digon ohonyn nhw yn nyfroedd Astwrias i fodloni chwant y cyhoedd. Ond yn ffodus dyw'r cymdogion yn Galisia ddim yn hoff ohonyn nhw, ac yno mae digonedd, felly maen nhw'n eu gwerthu dros y ffin. Bosib iawn bod cysylltiad agos rhwng y ffeithiau hynny, ond mae hefyd yn wir bod dŵr y môr i'r gorllewin o Galisia, la costa de la muerte neu arfordir marwolaeth, yn oerach na beth yw dyfroedd y glannau ar hyd Môr Cantabria. Yno hefyd mae mwy o goedwigoedd gwymon, hoff gynefin yr oricio.

Mae'r gwymon coch, Gelidium, ei hunan â rhan bwysig yn economi'r gornel fach hon o dir a môr. Maen nhw'n tyfu ar waelod caregog y môr bas, yn agos i'r arfordir, ac mae pob math o bysgod a chreaduriaid eraill yn byw neu'n llochesu rhwng eu coesau hir. Bydd y planhigion marw yn cyrraedd traethau'r dwyrain drwy'r flwyddyn, ond yn bennaf ar ôl 'llanw byw' Sant Awgwstin ym mis Medi. O leiaf dyw'r deunydd ddim yn cyrraedd ym mis Awst, pan fydd y traeth yn llawn torheulwyr.

Biwrocratiaeth eto! Mwy o drwyddedau! Mae ffermwyr trwyddedig yn gallu cael trwydded pellach i gasglu gwymon coch sydd wedi marw ar y traethau. Yn draddodiadol roedd hyn i gyd yn cael ei ddefnyddio fel gwrtaith ar y caeau a'r llueirth, ond erbyn hyn mae marchnadoedd ehangach lawer.

Mae garddwyr yn dal yn hoff o gasglu rhywfaint bach at eu pridd (maen nhw'n dweud ei fod yn dda iawn ar gyfer y merlys, yr asbaragws) ond mewn ffatrïoedd glân y bydd y prif gnwd yn cael ei drin. Mae'n siŵr y bydd rhai yn cofio defnyddio jeli agar i dyfu enghreifftiau byw mewn gwersi bywydeg; erbyn heddiw, mae'r farchnad yn cynnwys pob math o goginio, o dewhau cawl parod i ddyfeisio platiau hud-a-lledrith mewn ceginau Michelin. Ac mae'n debyg bydd y farchnad hon yn ehangu eto yn ystod y blynyddoedd nesaf, gyda thwf yn niferoedd y llysieuwyr a figaniaid ar draws y byd. Y dewis yw agar neu gelatin, sy'n cael ei gynhyrchu o esgyrn, ac felly'n hollol anaddas i bobl sydd ddim yn bwyta cig.

Anodd dychmygu chefs Noma neu El Bulli yn paratoi danteithion drud wrth sefyll ar draeth yn gwylio (ac yn gwynto) cwpl o dractorau'n tynnu tunelli o'r aur coch i domenni tu hwnt i gyrraedd y llanw, a pheiriannau eraill yn llwytho'r loriau. Ond bydd un tractor yn gallu casglu 10,000 cilo o'r llystyfiant, a'i werthu am €1 neu fwy y cilo. Dydy'r tractorau ddim yn parhau'n hir oherwydd effaith yr heli; yn draddodiadol fe ddefnyddid ceffyl, a throl ag olwynion pren.

Diddorol yw sefyll yno yn eu gwylio, ac yn gwylio'r tonnau. Y nawfed don ran amlaf sy'n cario'r baich mwyaf o wymon tuag at y tywod. Rhoddir lliw coch tywyll i'r darn hwnnw o'r traeth lle mae tir a môr yn brwydro.

Mae'r gwymon yn cael ei ledu mewn rhesi ar gaeau yn agos i'r traethau, a'i adael yno am sbel i golli'r halen a'r creaduriaid môr bychain oedd ynghlwm ag ef. Yma hefyd bydd yn colli'r lliw coch ac yn mynd yn winau.

Ers rhai blynyddoedd bellach mae pysgotwyr yn gallu cael trwydded i gasglu gwymon o'r môr, yn ystod tymor yr haf yn unig. Roedd nifer o bobl, gan gynnwys rhai o'r pysgotwyr eu hunain, yn bryderus ac yn amau y byddai hyn yn arwain at ddinistrio'r coedwigoedd gwymon. Ond mae canlyniadau cyntaf gwaith goruchwylio Prifysgol Oviedo wedi awgrymu nad yw'r gwymon byw yn cael ei ladd, a hyd yn oed ei fod yn tyfu'n well ar ôl cael gwared ar y tyfiant marw.

Mae'r pysgotwyr yn cyflogi deifwyr i fynd i lawr i dynnu'r gwymon marw o'r gwaelod. Bydd hyd at dri deifiwr ar fwrdd cwch, un i chwilio am y coedwigoedd gwymon gorau a dau arall i weithio gydag ef i gasglu'r planhigion. Unwaith y bydd y cwch uwchben coedlan addawol, maen nhw'n disgyn i'r gwaelod ac yn dechrau torri coesau'r gwymon gan adael tua thraean yn sownd yn y graig i aildyfu. Bydd sachau tyllog yn hongian ar raffau o'r cwch, a'r pysgotwyr yn eu tynnu i'r wyneb pan fyddan nhw'n llawn.

Mae nifer y trwyddedau ar gyfer y gwaith hwn yn fach – wyth i gyd yn ardal y dwyrain, ond yn amlwg bydd rhaid cadw llygad manwl ar effaith y lladd ar y gwymon a'r pysgod.

O leiaf mae'n ffynhonnell newydd o waith i'r pysgotwyr, dynion (i gyd, hyd y gwn i) sy'n hwylio'n ddyddiol mewn cychod gweddol fach ac, os bydd ffawd yn gwenu arnynt, yn dod adref â llwythi o benfras, mecryll, cegddu neu ddraenogiaid y môr. Galwedigaeth ganrifoedd oed; ychydig sydd ar ôl heddiw yn y porthladdoedd lle buont unwaith yn bŵer.

Yn ystod yr Oesoedd Canol y datblygodd trefi bach yr arfordir fel Ribadesella; hela'r morfil oedd gwaith y morwyr bryd hynny. Roedd olew drewllyd yr anifail mor werthfawr at oel lamp fel bod gorsafoedd trin y cyrff wedi eu sefydlu ar hyd y dalaith.

Mewnforio halen oedd y gwaith mawr arall, achos roedd sychu halen o'r heli yn anodd iawn yn lleithder y gogledd, ac yn llosgi llawer o danwydd. Ac roedd halen yn angenrheidiol ar gyfer cadw bwyd – naill ai i'r teulu dros y gaeaf, neu i werthu pysgod hallt yng nghanoldir Sbaen. Dim ond y sawl gafodd drwydded brenhinol a allai gynnal busnes halen, ac roedd rheiny'n brin.

Y morfil a'r halen oedd cynsail twf a chyfoeth Ribadesella a'i thebyg, ac roedd gremio, neu urdd y môr, yn rheoli bywyd pawb oedd yn ymwneud â'r masnach hwnnw: yn cyflogi meddyg, ac athro, ymhell cyn dyddiau gwariant cyhoeddus cenedlaethol.

Ym mis Chwefror gwelir olion y grym hwnnw wrth ddathlu'r antroxu, y carnifal ar ddechrau'r Grawys. Roedd cyfnod chwe wythnos y Grawys yn cael ei gadw'n ympryd llym pan oedd awdurdod yr Eglwys Gatholig yn rheoli, ac felly roedd cael hwyl a gwledd y noson gynt yn hollbwysig.

Bydd cerflun o sardîn enfawr yn cael ei lusgo o flaen 'llys' o drigolion, a'i gyhuddo o bob anffawd a ddigwyddodd yn ystod y flwyddyn ddiwethaf – yn enwedig os gellir rhoi'r bai ar gyngor y dref neu awdurdodau'r eglwys.

Yn euog unwaith eto, bydd y sardîn druan yn cael ei ddedfrydu i farwolaeth, ei gludo i'r cei, a'i roi mewn cwch bach. Ac yna ei danio, a'i ddanfon i'w farwolaeth tanllyd yn nhywyllwch dŵr yr aber.

Diwedd blwyddyn mewn ystyr, a gobaith am un gwell i ddod. Fel yna mae'r defodau a'r ffiestas: pob un yn nodi blwyddyn ac yn edrych ymlaen. Y flwyddyn yw'r uned amser pwysig i bysgotwyr, ac i bobl cefn gwlad.

Ôl-nodyn, Rhagfyr 2020

Ffarwel 2020, fawr o golled ar dy ôl! Mae dechrau blwyddyn newydd, a chyfnod newydd yn natblygiad y pandemig, yn bwynt da i geisio cloriannu beth sydd wedi newid yn barhaol a beth fydd yn aildyfu.

Erbyn hyn rydym yn gwybod sut mae'r coronafirws yn lledu, ac felly sut i'w rwystro, i'w arafu. Mae sawl brechlyn yn addo diogelwch torfol, fydd yn ei gwneud yn saffach i gwrdd â phobl.

Y cwestiwn felly yw hyn: a fydd gan y bobl yr hyder i adael eu tai, i gyfarch eu cymdogion a chael clonc, i siopa a mwynhau ffiesta fel o'r blaen?

O'r hyn yr ydym ni wedi ei weld yn barod, bob tro mae cyfnod o gyfyngiadau'n dod i ben, mae Cymry ac Astwriaid fel ei gilydd yn heidio allan, ond heb y sicrwydd o gael brechiad mae'r rhan fwyaf wedi bod yn gyndyn i ymuno mewn gweithgareddau torfol sy'n dod â nhw'n agos at bobl eraill.

Ac mae'r agosatrwydd, y cyffyrddiad, yn beth mawr yn Astwrias fel yn Sbaen yn gyffredinol. Mae cusan, ar y ddau foch, wrth gyfarfod ac yn aml wrth ffarwelio, yn gymaint o arfer mae e bron yn orfodol. Mae'r diffyg cyffwrdd wedi bod yn boen ysbrydol, yn rhywbeth ar goll o fywyd, a byddwn yn ei ragweld yn dychwelyd – ond efallai i raddau llai. Dim cusanu rhywun sy'n cael ei gyflwyno i chi am y tro cyntaf, dim cusanu rhywun sydd wedi dod o bell?

Bydd y diwydiant lletygarwch, y barau a'r bwytai, yn dal i ddioddef trai yn nifer eu cwsmeriaid. Bydd llawer o bobl yn gweithio o gartref, o leiaf rai diwrnodau o'r wythnos, felly llai yn chwilio am fwyd amser cinio. Darparu cinio, yr enwog 'menú', yw prif ffynhonnell incwm canran helaeth o'r diwydiant, a dwi ddim yn amau y gwelwn ni'r caeadau ar glo mewn dinasoedd a phentrefi. A phwy a ŵyr a fydd yr 'orquestas', y bandiau sy'n canu yn y ffiestas, wedi goroesi blwyddyn di-dâl.

Harbwr Ribeseya/Ribadesella

Ar y llaw arall, mae tystiolaeth bod teuluoedd yn symud o ddinasoedd mawr Astwrias i'r pentrefi, yn hybu ysgolion gwledig a phob math o fusnesau.

Y gwir yw ei bod yn anodd didoli effaith y Covid oddi wrth

Cnau Ffrengig yn sychu ar y corredor

y symudiadau chwyldroadol sy'n bustachu'n byd ni; y newid hinsawdd, y mudo o un cyfandir i'r llall (yn rhannol oherwydd y gwresogi), y datblygiadau mewn technoleg, a'r ansicrwydd gwleidyddol oddi fewn i wledydd a rhyngddynt a'i gilydd.

Yma ar arfordir Astwrias mae planhigion y capan cornicyll – a hyd yn oed ei flodau ysblennydd – yn goroesi'r gaeaf fel arfer. Dim ond cyfnod o nosweithiau o rew caled sy'n eu gadael yn llipa ar draws y creigiau. Ond wrth dorri nôl y llanast, gwn yn iawn y bydd yr hadau rywle'n agos, ac y gwelwn ni eginblanhigion erbyn y Pasg.

Rwy'n hyderus y bydd y rhan fwyaf o arferion a dathliadau cefn gwlad Astwrias yn ailgydio – os nad eleni, y flwyddyn wedyn.

Mae fy meddwl am defnyddio'r ystrydeb honno, oedd wedi ei gwahardd ymhob ystafell newyddion fûm i ynddi erioed, 'dim ond amser a ddengys'. Ond mae'r galon yn fwy gobeithiol y daw 'gwanwyn glas eginog' i gymdeithas yn ogystal ag i'r tirwedd. A hynny am fod y gymdeithas yma'r un mor galed â'r tirwedd, ac yn dewis byw bywyd tu allan i'r aelwyd. Mae'r teulu yn hollbwysig, ond mae gan y pentref, y gymdogaeth, neu'r stryd eu statws eu hunain.

Mae gen i gymdoges – wel, rhywun o'r pentref nesaf – gafodd ei geni yn ystod blynyddoedd llwm y cyfnod ar ôl Rhyfel Sbaen. Blynyddoedd o dlodi ac o newyn. Ond fe gafodd gan ei rhieni yr enw delfrydol i godi calonnau'r holl deulu a thu hwnt: Esperanza. Gobaith.

Cyfrol arall i ehangu gorwelion:

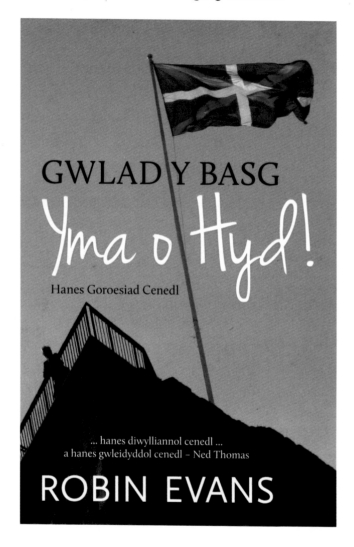

GWLAD Y BASG

Yma o Hyd!

Hanes Goroesiad Cenedl

... hanes diwylliannol cenedl ...
a hanes gwleidyddol cenedl – Ned Thomas

ROBIN EVANS

Diwylliant... hanes... gwleidyddiaeth Gwlad y Basg
£7.50 Gwasg Carreg Gwalch